세계사를 뒤바꾼
가짜뉴스

거짓으로 대중을 현혹시킨 36가지 이야기

세계사를 뒤바꾼 가짜뉴스

미야자키 마사카츠 지음 | 장하나 옮김

매일경제신문사

들어가며

가짜뉴스는 전통적인 수법이었다

5,000년 세계사 속에서 독재자와 반체제 포퓰리스트는 '거짓말=가짜뉴스Fake News(매스미디어나 소셜미디어 등의 허위 보도)'를 이용해 다양한 정보를 조작하고 대중을 선동함으로써 세상을 움직여 왔다.

근현대에 들어 널리 국민국가가 전파되면서 대중의 동의 없이는 포퓰리즘(대중주의, 인민주의)과 독재 행각이 더 이상 불가능해졌다. 하지만 가짜뉴스 같은 정보의 조작 때문에 민주주의는 점차 형식적으로 변모하고 있다.

특히 세계 대공황으로 사회가 불안정해져 대중의 삶이 힘겨워지고 사회 불안이 증폭되자, 포퓰리스트나 독재자가 기다렸다는 듯 자신들의 존재를 마구 드러내기 시작했다. 그들은 가짜뉴스를 퍼뜨리고 온갖 모략으로 대중을 선동하며 국제정치를 뒤흔들었다. 이탈리아의 파시즘, 독일의 나치즘, 소련의 스탈리니즘 등은 교묘한 프로파간다Propaganda(선전전)를 통해 대중을 칭칭 옭아매며 세계를 참혹한 전쟁의 소용돌이로 내몰았다.

미국과 영국 같은 자유주의 국가들도 마찬가지였다. 스스로를 민주주의 옹호자로 내세우며 뉘른베르크 재판 사관과 극동 군사 재판 사관 등의 선전을 도모했다.

1990년대에 이르러서는 인터넷 보급으로 정보의 과잉 시대가 되었다. 요즘에는 보이지 않는 곳에서 데이터가 수집되고 자신도 모르는 사이에 감시의 대상이 되는 그런 시대에 접어들었다.

인터넷의 편리함은 부정할 수 없지만, 인간이 생각해낸 정보 전달 및 선전 도구에 지나지 않기 때문에 어두운 면과 밝은 면을 동시에 지니고 있다. 기능이 과다한 인터넷은 때로 폭주하기 마련이다. 하지만 대다수의 바쁜 현대인이 인터넷에 상응하는 미디어 리터러시Media Literacy를 새롭게 익히기란 사실 불가능에 가깝다. 참고로 미디어 리터러시란 민주주의 사회에서 미디어의 기능을 이해하고, 다양한 형태의 미디어 메시지에 접근하여 정보를 비판적으로 분석하고 평가하며, 창조적으로 자기를 표현할 수 있는 능력을 일컫는다.

엄청난 양의 데이터를 차곡차곡 쌓아온 인터넷은 어느 틈엔가 세계사가 애써 키워온 인권과 국가 시스템을 위협하는 무시무시한 괴물로 성장해버렸다.

중국식 초超관리 사회가 바로 그 극단적인 예다. 영국 작가 조지 오웰은 1948년에 발표한 《1984》에서 전체국가를 비판적으로 조명했다. 하지만 그보다 더 심한 통제 국가가 감시 카메라나 인터넷, 화상 인증 같은 제반 시스템을 통해 삽시간에 완성되었다.

《1984》는 핵전쟁 이후의 근미래 감시 국가를 그려낸 소설로, 텔레스크린이라는 양방향 텔레비전과 거리에 설치된 마이크를 통해 대중의 일거수일투족을 감시하는 사회를 담아내고 있다. 그런데 기술 혁신에 의해 소설을 능가하는 감시 국가가 현실이 되어가고 있다.

2016년 미국 대통령 선거에 무슨 일이 있었나

혁신적 광고 선전 도구인 인터넷이 거짓으로 뒤범벅된 정보를 보도하며 정치나 경제에 개입하는 사례도 있다. 2016년 미국 대선 당시에는 '힐러리(민주당)가 무장 단체 IS(이슬람 국가)에 무기를 제공했다', '교황이 공화당인 트럼프 지지를 표명했다' 등의 상상을 초월하는 가짜뉴스가 일파만파 퍼져 엄청난 위력을 발휘했다.

자극적이고 흥미로운 기사였기에 순식간에 유권자의 관심이 쏠렸다. 그리고 크림 반도 위기와 우크라이나 문제로 민주당이 대선에서 승리하는 것을 막고자 러시아가 가짜뉴스를 대량으로 흘리며 선거에 개입했다는 말이 나돌기 시작했다.

러시아에서는 소련 붕괴 후, 석유와 천연가스의 이권을 거머쥔 유대인 재벌과 푸틴 정권 사이에 대립 구도가 형성되었다. 때문에 유대인 재벌을 지지하는 미국 민주당 정권 측에서는 러시아 정치에 개입하는 상황이 반복되고 있었다. 러시아 푸틴 대통령과 미국 민주당 정권이 서로 완강히 부딪치고 있었던 것이다.

2018년에 특별 검사 로버트 뮬러가 러시아 대선 개입 의혹 수사를 담당했다. 그는 러시아 일련의 여론 공작인 일명 러시아 게이트 사건과 연루된 러시아인 13명과 러시아 단체 세 곳을 사기죄 등의 혐의로 기소했다. 그러나 양 진영이 서로 거짓이라 비난하며 물어뜯는 바람에 결국 진실은 어둠 속으로 자취를 감춰버렸다.

하지만 러시아의 사이버 부대가 민주당 후보자 힐러리 클린턴과 선거 책임자의 메일에서 방대한 정보를 몰래 빼내 케임브리지 애널리티카 회사에 유출하고는 마치 자신들이 꾸민 짓이 아닌 것처럼 위장해 선거에 이용했다는 사실이 드러났다. 이로써 러시아가 인터넷을 통해 가짜뉴스를 퍼뜨린 것은 사실로 추정되었다.

포퓰리스트와 거짓이 판을 치는 이유

제2차 세계대전이 막을 내린 지 70년, 냉전이 종식되고 EU가 성립된 지 30년, 리먼 쇼크가 발생한 지 10여 년이 흘렀다. 오늘날은 격변하는 시대와 케케묵은 의식 사이의 괴리가 너무나 크다. 낡은 시스템들이 서로 맞부딪치며 경제 또한 장기 침체에서 벗어나지 못하고 있는 것도 현실이다. 어쩌면 대중의 욕구불만과 울분이 쌓이는 것도 당연한 일인지도 모르겠다.

그러나 이러한 상황은 포퓰리스트에게 더없이 좋은 기회가된다. 실제로 그들은 대중의 기대에 부응하고 인기를 끌기 위해서 루머를 퍼뜨리는 일도 서슴지 않는다. 유럽에는 기존의 엘리트 체제를 비판하고 공격하는 정치 풍조가 거세게 일고 있다.

그런 현상이 모두 나쁘다고 치부할 수는 없겠으나, 사회를 불안정하게 한다는 점만은 부정할 수 없다. 정보를 받아들이는 쪽에서 그 모든 정보를 처리하기에는 상당한 수고가 따르기 때문이다.

이 책은 가짜뉴스의 유포와 선동에 따른 정보 조작이 세계사를 어떻게 움직였는지 날카롭게 짚어보고 '그것이 도대체 왜, 무엇 때문에 행해졌는지' 밝혀낸다.

집필하는 동안 뼈저리게 느낀 점이 한 가지 있다. 모든 것이 지구 단위로 움직이는 현재를 기준으로 봤을 때, 그래도 20세기 말까지는 평탄한 시기가 아니었나 하는 생각이다. 현재는 정치와 경제의 세계화, 급격한 인터넷의 보급, 사이버 공간에서의 전쟁이 더 빠르게 진행되고 있다.

미야자키 마사카츠

contents

chapter 1

인기 정치가의 출현으로
가짜뉴스의 역사는 시작되었다

데마의 어원, 데마고고스

오늘날 가짜뉴스는 전 세계는 물론이고 국가와 지역에까지 폭넓게 영향을 미치고 있다. 가짜뉴스는 흔히 '데마Dema'라고도 불린다. 데마라는 용어는 기원전 6세기에서 기원전 5세기 사이의 아테네 대중정치에서 나온 말로, 귀족층에 맞선 데마고고스Demagogos(대중정치인)에서 비롯되었으며 본래 나쁜 의미는 아니었다.

상공업이 발달했던 도시국가 아테네에서는 상인과 수공업자 같은 대중의 힘이 점차 세지면서 귀족층과 대립하게 되었다. 그때 격한 연설과 가짜뉴스, 여론 선동을 통해 대중을 끌어들이고 대중의 이익을 대변하던 인물, 클레온Kleon이 등장한다. 그가 최초의 데마고고스였다. 데마고고스는 대중의 감정과 불만에 호소하여 힘을 얻은 대중정치인, 즉 대중지도자라는 의미이므로 데마가 곧 가짜뉴스를 뜻하는 것은 아니었다.

그렇다면 어쩌다 데마고고스는 가짜뉴스로 대중을 선동하는 사람이라고 퍼지게 되었을까? 그 이유는 데마고고스에게 적의를 품고 있던 귀족 등의 지배층이, 그들을 '가짜뉴스로 대중을 선동하는 발칙한 인간'이라는 이미지로 만들어버렸기 때문이다.

스파르타처럼 식량을 자급할 수 있는 도시국가는 예외였지만, 대부분의 고대 그리스 도시국가들은 흑해 북안에서 곡물을 들여왔다. 따라서 상인을 포함한 시민 계급의 힘이 아주 막강했다. 폴리스는 늘 식량이 부족했기 때문에 인구가 늘자 먹고 살기가 힘들어졌다. 그리하여 그리스는 식민 도시를 건설하게 된다. 철학자 플라톤은 이런 식으로 생겨난 수많은 도시를 연못 주위에 모여드는 개구리 같다고 풍자하기도 했다.

아테네는 본래 부족 사회였다. 힘 있는 귀족들이 모여 도시국가를 형성하고 지배층이 되었다. 그런데 상업과 수공업이 번성하면서 상공업자들이 종종 대중을 선동하여 호시탐탐 권력을 엿보는 일이 발생하였다. 하지만 대부분의 대중지도자에게는 권력도, 재산도, 집안도, 정치 경험도 없었다. 따라서 그들의 무기는 대중을 선동할 수 있는 언론뿐이었다. 그들에게는 확고한 정치 주장을 펼치고 자신의 존재를 드러내기 위해서는 과장된 표현이 필요했다. 그래서 과격한 발언과 가짜뉴스를 일삼다 보니 어느 덧 부정적인 이미지로 정착된 것이다.

최근에 자주 사용되는 포퓰리즘이라는 말 자체는 로마의 귀족 원로원에 대항하는 평민파를 지지하는 민중, 또는 대중이라는 뜻의 라틴어 '포풀루스'에서 나왔다고 알려져 있지만, 실제로는 그리스의 데마고고스에서 유래되었다.

데마고고스의 정권 탈취와 상층 시민의 역습

아테네에서는 기원전 6세기에 페이시스트라토스Peisistratos라는 데마고고스가 가난한 농민을 이끌고 귀족과 부자 상인 계급을 무너뜨리며 일시적으로 정권을 장악했다. 이처럼 쿠데타나 봉기 등의 불법적인 수단으로 권력을 잡은 독재자를 '참주Tyrannos'라고 불렀다.

새로운 지도자를 참주라 부른 이들은 토착 지배층이었다. 아테네의 지배층과 데마고고스의 대립은 오늘날로 치면 미국 민주당을 지지하는 동부 이스태블리시먼트Establishment(확립된 체제의 지배층)와 트럼프 진영을 지지하는 중서부 대중의 대립과도 같다. 대선 전 거대 언론 매체에서 '트럼프가 당선되는 일은 절대로 없다'라고 단정했던 것처럼, 그 당시 데마고고스도 기득권 세력인 귀족을 이길 가능성은 전혀 없어 보였다.

그래서 데마고고스가 가짜뉴스를 무기로 삼은 것이지만, 이는 권력을 잡기 위한 수단에 지나지 않았다. 그러나 그리스의 철학자 아리스토텔레스는 '민중의 삶이 보호되던 참주 시대야말로 아테네의 전성기였다'고 높이 평가했다.

이윽고 위협을 느낀 상층 시민은 참주에게서 권력을 빼앗아 다시는 참주가 나타나지 못하게 할 요량으로 이런저런 궁리를 했다. 그래서 생겨난 것이 도편 추방제다. 도편 추방제란 민회에서 대중에게 참주가 될 법한 인기 있는 인물의 이름을 도자기 파편(도편)에 적어 내도록 해 6,000표 넘게 득표한 자를 외지로 10년 동안 추방하는 제도였다. 투표에 도자기 파편을 이용한 것은 아테네가 '도자기의 도시'였으므로 어디서나 손쉽게 구할 수 있었기 때문이다. 당연히 여기서 글자를 쓸 수 없는 사람의 의견은 자연스레 배제되었다.

페르시아를 물리친 영웅도 추방되었다

그 후 아테네는 페르시아 제국의 침공(페르시아 전쟁, BC 500~BC
449년 사이 세 차례에 걸친 아케메네스 왕조 페르시아 제국의 그리스 원정)을
받으며 역사 이래 최대 위기를 맞게 된다. 현재로 따지면 미국과
같은 강대국이 쳐들어온 셈이다.

페르시아 전쟁 (BC 500~ BC 449년)

아테네를 점령한 페르시아군은 아테네 수호신을 모시는 목조 신전을 불태웠다. 그 위기에 용감히 맞서 페르시아군을 물리친 이가, 기원전 480년 살라미스 해전의 지휘관이었던 아테네의 장군 테미스토클레스Themistocles였다. 하지만 그 일로 대중의 지지를 한 몸에 받게 된 테미스토클레스는 도편 추방제로 10년 동안 추방당하는 처지에 놓이게 된다.

아테네 상층민에게 포퓰리스트나 데마고고스는 최대의 적이었다. 그래서 이들은 도편 추방제를 앞세워 나라의 영웅을 제거하려 한 것이다.

대중주의자를 가장한 엘리트, 페리클레스

페리클레스Perikles는 페르시아군이 아테네에서 물러난 뒤 상층 시민과 대중을 화해로 이끈 장본인이다. 그는 교과서 속에서 대단한 위인으로 그려지며 아테네 민주 정치의 전성기를 이룩한 인물로 평가되고 있다.

그러나 무산 시민이 살라미스 해전에서 눈부신 활약을 떨쳤기 때문에 페리클레스는 이들 대중의 정치 참여를 어쩔 수 없이 인정해야만 했던 것으로 보인다.

델로스 동맹 자금을 빼내 대중을 매수한
페리클레스

　명문가 출신인 페리클레스는 파르테논 신전 건설이나 도시와
만을 연결하는 성벽의 건설 같은 대규모 토목 공사를 통해 대중
에게 일거리를 제공하고, 교묘한 방식으로 대중의 지지를 얻어
독재자가 되었다. 그는 '민주정'이라는 명분을 미끼로 대중을 교
묘히 조종한 셈이다.

　대중을 조종하기 위해서는 그들에게 일을 주고 우선적으로 경
기를 회복시키는 것이 대전제였다. 그때 페리클래스가 끌어 쓴 자
금이 바로 페르시아군 침략에 대비해 마련한 군사 동맹(델로스 동
맹, 아테네는 델로스 동맹의 맹주였다) 자금이었다. 각 도시 국가들이

안위를 위해 델로스에 차곡차곡 모아둔 돈을 페리클레스가 돌려 써버린 것이다. 대중을 돈으로 매수했다고 하면 좀 심한 말 같긴 하지만, 어찌 됐든 그는 풍부한 동맹 자금으로 아테네 경제를 다시 일으켜 세웠다.

페리클레스는 무려 15년 동안이나 포퓰리즘을 가장한 엘리트주의를 기반으로 실질적인 독재 정치를 펼쳤다. 하지만 종국에는 외교에 실패하고 아테네를 스파르타와의 싸움, 펠로폰네소스 전쟁으로 내몰았다.

역사가 투키디데스Thukydides의 《펠로폰네소스 전쟁사History of the Peloponnesian War》에는 페리클레스의 연설이 다음과 같이 기록되어 있다.

"한 개인의 걸출한 재능이 세상에 알려지면
평등한 윤번제를 배제하고, 세간의 인정에 따라 그 사람의
능력에 걸맞은 대우를 하며 높은 지위를 부여할 수 있다."

이처럼 페리클레스의 엘리트 중심 사상이 깃든 말속에는 자신이 곧 엘리트이며 자신의 판단만이 무조건 옳다는 강렬한 자부심이 깃들어 있다.

페리클레스, '투키디데스의 함정'에 빠지다

기원전 431년, 아테나를 중심으로 한 델로스 동맹과 스파르타를 중심으로 한 펠로폰네소스 동맹 사이에 펠로폰네소스 전쟁이 터졌다. 펠로폰네소스 전쟁은 고대 그리스 전역을 휩쓴 싸움으로 기원전 404년까지 계속되었다. 투키디데스는 펠로폰네소스 전쟁이 일어난 이유를 거대국이 된 아테네가 스파르타에 공포심을 불어넣으며 전쟁을 강요했기 때문이라고 설명한다.

세계사에서 패권을 장악한 국가는 장소 불문하고 자신들의 패권을 노리는 다른 이들의 출현을 어떻게든 막으려 했다. 트럼프가 중국에 관세 폭탄을 내린 것도, 화웨이를 제재한 것도 그런 맥락이라는 것은 모두가 다 아는 사실이다.

미국의 정치학자 그레이엄 앨리슨Graham Allison은, 패권국과 신흥 세력이 첨예하게 대립하다가 끝내 전쟁까지 이르게 되는 현상을 '투키디데스의 함정'이라고 표현했다.

큰 전쟁이 시작되면 국가는 공황 상태에 빠지고 엘리트층의 견고한 지배 체제가 무너져 내리면서 대중을 선동하는 포퓰리즘이 그 모습을 드러낸다. 그러나 결국 엘리트층과 야심 가득한 포퓰리스트는 서로 자신이 옳다고 주장만 하다가 전쟁의 소용돌이에 휩쓸려 파멸로 치닫고 말았다.

중우정치에 빠진 아테네

펠로폰네소스 전쟁에서는 대중을 선동하고 전쟁을 확대하며 이익을 꾀하려는 데마고고스들이 활약했다. 전쟁은 데마고고스가 이름을 떨치고 부를 쌓을 수 있는 절호의 기회였다. 그러나 개인과 아테네의 이익이 서로 뒤바뀌면서 국가는 막대한 손실을 입었다.

펠로폰네소스 전쟁 (BC 431~BC 404년)

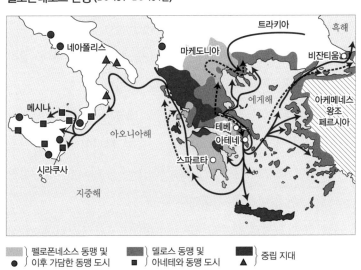

더구나 군사 지식이 거의 없던 데마고고스는 개인의 이윤 추구와 무모한 지휘로 종전의 기회를 놓치면서 아테네를 더욱더 위험한 전쟁의 소용돌이로 밀어 넣었다.

펠로폰네소스 전쟁에서 아테네는 요충지 다르다넬스 해협의 함선을 잃게 된다. 이 때문에 흑해 북안으로 들어오는 곡물이나 노예를 더는 조달할 수 없게 되었고 결국 스파르타에 굴복하고 만다. 펠로폰네소스 전쟁은 아테네뿐만 아니라 그리스 도시국가 전체를 몰락시켰다.

페리클레스는 전쟁이 발발하고 2년째 되던 해에 흑사병에 걸려 세상을 떠났다. 그 후로는 능수능란한 사전 교섭으로 아테네 대중의 의견을 하나로 모으는 정치가가 출현하지 않았다. 엘리트층에서 유능한 정치가가 나오지 않은 것이다.

흑해에서의 곡물 공급이 어려워지고 대중의 삶이 피폐해지자 아테네 곳곳에서 부유한 엘리트층을 향한 비판이 봇물 터지듯 터져나왔다. 대중을 선동하는 포퓰리스트에게 이러한 위기 상황은 더할 나위 없이 좋은 기회였다.

능란한 말솜씨로 대중의 불만을 대변한 클레온처럼 무기 생산으로 부를 쌓는 수공업자가 차츰 시정을 이끌게 되었다. 그들은 사회에 강한 불만을 품은 대중의 감정, 편견, 공포, 무지 등을 이용하고 선동하여 권력을 휘어잡았다. 하지만 넓은 시야와 정치 경험을 제대로 갖추지 못한 탓에 전세를 유리한 쪽으로 이끌지 못하고 오히려 사회를 큰 혼란에 빠뜨렸다.

지도자임에도 불구하고 정세를 정확하게 판단하지 못하고 리더십을 제대로 발휘하지 못해서 대중의 이기심이 서로 부딪치는 정치적 혼란을 일으켰다. 대중들은 이를 두고 '중우정치'라며 야유를 퍼부었다.

그렇지만 역사상 가장 전형적인 선동 정치가, 즉 데마고고스로 알려진 클레온에게 패전의 책임을 물을 수 있을지는 몰라도, 그는 그저 평범한 지도자에 불과했다. 안타깝게도 《펠로폰네소스 전쟁사》를 저술한 역사가 투키디데스와 후세에 영향을 떨친 희극 작가 아리스토파네스에게 개인적 원한을 사는 바람에 클레온의 부정적 이미지가 한껏 증폭된 것으로 보인다. 특히 클레온에게 군사적 실패를 고발당해 어쩔 수 없이 망명의 길을 걷게 된 투키디데스의 원한은 이루 말할 수 없이 깊었다.

이미 까마득히 지난 과거사라 클레온에게는 변명할 기회조차 어둠 속으로 깊이 가라앉았으니 참으로 딱한 일이 아닐 수 없다.

Episode 1

플라톤의 거짓말,
아틀란티스의 전설

　펠로폰네소스 전쟁 이후 아테네 쇠퇴기에 소크라테스는 아테네를 되살리고자 수많은 청년을 일깨웠다. 하지만 사람들은 되레 소크라테스가 사악한 종교를 전파하려 든다며 그를 고발하고 종국엔 대중 재판에서 사형에 처한다.

　오래전 필자가 고등학생이 되고 얼마 지나지 않았을 무렵, 방학 과제로 고대 그리스 철학자 플라톤이 쓴《소크라테스의 변명 Apologia Sokrates》을 읽은 적이 있다.

　이야기는 펠로폰네소스 전쟁에서 스파르타에 패배한 직후인 아테네의 혼란기부터 시작된다. 아테네의 해상 지배가 흔들리면서 해적들이 날뛰고 경제가 마구 흔들리자, 무엇보다 아테네를 되살리는 일이 시급했다. 이에 수많은 인재가 필요했지만, 세상에는 안타깝게도 믿을 만한 인물이 많지 않았다.

엘리트층은 데마고고스가 아테네를 혼란에 빠트리고 전쟁에서 패하게 했다며 그들을 몰아내기 위해 혈안이 되어 있었다. 그런 시기에 소크라테스가 스스로를 '아테네라는 말 주위를 날아다니는 벌레'라고 칭하며 아테네를 깨치는 일을 시작한 것이다.

그런 꿈을 이루기 위해 변론술을 구사한 소크라테스는 소피스트(변론과 수사학을 가르치는 사람들)를 비판하며 정치에는 '덕'이 필요하다고 역설했다. 그는 청년에게 미래를 맡기고 대화술로 '무지無知의 지知'를 일깨워 실제 체험을 바탕으로 교양 있는 청년을 육성해 아테네를 다시 일으킬 인재를 만들고자 한 것이다.

소크라테스는 자신의 행동을 마음속 신의 소리Daimonion(신령)가 끌어낸 행동이라고 공언했지만, 반대파는 그것을 '새로운 신을 끌어들여 청소년을 타락시켰다' 하여 그리스 신에 대한 모독죄로 소크라테스를 고소했다.

당시 아테네 재판은 5,000명의 시민 배심원이 도편으로 표결하여 유무죄를 판단했으며, 원고와 피고의 진술에 근거하여 형량을 결정했다. 소크라테스는 '무죄', 고발 측은 '사형'을 주장했지만, 결국 재판에서 진 소크라테스는 사형을 선고받았다.

제자들은 사형 판결의 부당함을 설파하며 소크라테스에게 망명을 권했지만, 소크라테스는 망명하면 자신이 지금까지 한 행동을 부정하는 꼴이 된다며 독배를 마시고 스스로 죽음을 택했다. 그는 자신의 정치 행태가 결코 말뿐이 아니라 신념에 따른 것임을 몸소 보여준 것이다. 불행하게 스승 소크라테스를 잃고 아테네의 현실에 실망을 금치 못했던 플라톤은 현실을 외면한 채 이상 세계가 있다는 이데아론을 주장하기에 이른다. 그리하여 플라톤이 한 거짓말이 '아틀란티스의 전설'이다. 플라톤은 이집트 신관에게서 들은 이야기라며 다음과 같이 전했다.

"대서양에 아틀란티스가 존재했다. 이 커다란 섬은
자원이 풍부했지만, 주민들이 물질주의로 치달으면서
정신이 황폐해져 침략에 나서게 된다.
이에 신들은 그들의 자만심을 벌주기 위해 아틀란티스섬에
대지진과 홍수를 일으켜 하룻밤 만에 바닷속으로 가라앉혀 버렸다."

대서양을 영어로 '애틀랜틱 오션Atlantic Ocean'이라 하는데, 이것도 플라톤의 거짓말에서 유래된 것이다. 플라톤이 이야기의 모델로 삼은 것은 기원전 17세기 초 발생한 에게해 남부 산토리니 섬의 해저 화산 대폭발이다. 그 영향으로 크레타 문명은 몰락했고 폭발로 생긴 거대한 칼데라가 현재도 커다란 만으로 남아 있다.

28

chapter 2

공동체 바깥에서 정당화되고
퍼져나간 노예제

인도 카스트 제도를 뒷받침한 종교적 거짓말

고대 사회에서는 피정복민, 전쟁 포로, 몰락민 같은 사람들이 인격을 박탈당하고 노예로 지배당했다. 요즘으로 치면 AI가 장착된 로봇쯤이라 할 수 있겠다.

어째서 이런 일이 가능했느냐 하면, 당시 사회가 혈연 중심의 부족으로 구성되어 자기 부족이 아닌 타인에게는 기본적으로 냉담한 태도를 지녔기 때문이다. 부족이나 공동체 테두리 밖 사람들에게는 인간으로서의 공감대가 전혀 싹트질 않았던 것이다. 근대 사회냐 아니냐의 기준도 여기에서 출발한다.

고대 인도에서는 카이베르 고개를 넘어 침입한 아리아인이 피부가 검은 원주민 드라비다인을 정복하여 수드라(예속민, 노예)

로 삼아 자신들에게 복종하게끔 했다.

아리아인이 신봉한 브라만교 경전 《리그베다Rigveda》에 수록된 〈푸루샤(고대 인도 신화에 등장하는 원시 인류)의 찬가〉에서는 이 원시 인간의 입 부분이 브라만(신관), 양팔 부분이 크샤트리아(무사), 양쪽 허벅지 부분이 바이샤(서민, 농민), 양발 부분이 수드라(불가촉천민)가 되었다고 설명한다. 한마디로 거인 푸루샤의 몸을 조각조각 나눠 아리아인이 만들어낸 신분 제도를 합리화한 셈이다.

나치 선전의 앞잡이 괴벨스는 "인간은 신비한 것이 있으면 깊이 생각해보지도 않고 무조건 따르는 경향이 있음을 인정해야 한다"라고 말했는데 고대에는 신분 제도를 합리화하기 위해 종교를 교묘히 이용했다.

이러한 신분 제도는 바르나(훗날 포르투갈인은 '혈통'이라는 뜻에서 카스트라고 부른다)라고 불렸다. 바르나는 '색'을 뜻하는 산스크리트어로, 이 제도는 눈에 잘 띄는 피부색으로 피정복민을 구별하고 지배했다. 그 후 무수한 직업이 생겨나고 세습되면서 네 개의 신분 체제인 바르나 아래에 수많은 자티(직업 집단)가 생겨났고, 3,000개 이상의 계급으로 이루어진 신분제로 확대되었다.

이처럼 고대 인도에서는 종교가 신분 사회를 설명하는 데 이용되었다. 하지만 그것도 현시점에서 보면 종교로 치장한 터무니없는 거짓에 불과하다.

폴리스 유지를 위해 노예제가 정당화되었다

고대 그리스에서는 도시국가, 폴리스를 이상적인 국가라고 여겼다. 철학자 아리스토텔레스는 《정치학Politics》에서 "인간은 '폴리스적 동물'이기에 폴리스라는 공동체 없이는 살아가기 힘들다"고 술회했다. 삶의 터전인 폴리스를 유지하기 위해서는 재판과 정치에 참여할 수 있는 시민과 시민이 정치에 전념할 수 있도록 도와주는 '도구' 역할을 하는 노예가 필요하다고 생각했다.

시민이 정치에 전념하려면 노동을 대신하는 노예가 반드시 필요하다고 여긴 것이다. 당시에는 그런 상하 관계가 당연하다는 의식이 팽배했다. 《정치학》에도 다음과 같이 쓰여 있다.

"다른 사람들과 견주었을 때, 육체가 영혼보다 못하고
동물이 인간에게 뒤처지는 것과 동일한 이치로 열등한 자들은
누구라도 예외 없이 섭리에 따라 노예가 된다.
그들은 … 지배를 받는 쪽을 원한다.
왜냐하면 타인의 소유가 될 수 있는 인간
(그런 이유로 타인의 것이기도 하다),
즉 사리는 분별하지 못하나 자신들이 다른 이들보다
못하다는 사실을 아는 자는 자연의 섭리에 따라 노예가 된다. …

노예와 동물 모두 유용하게 쓰인다는 점에서는 별반 차이가 없다. 인간의 삶을 위해 공헌한다는 점에서는 둘 다 매한가지니."

아리스토텔레스는 최고 공동체인 폴리스에 허드렛일을 도맡아 하는 도구, 즉 공동체 바깥의 노예가 필요하다고 생각했다. 엘리트층과 대중으로 구성된 '시민'이 정치와 재판에 참여하고, 다수의 '노예'가 공동체를 떠받드는 구조다. 아테네는 식량과 함께 폴리스를 지탱하는 노예의 공급원을 흑해 북안에 의지했다.

한편 스파르타에서는 피정복민, 헤일로타이Heilotai(포로로 잡힌 사람)를 노예로 삼았다. 노예 신분인 헤일로타이는 대대로 스파르타인에게 수확물 일부를 공납해야 했다.

스파르타에 스파르타인이 약 5만 명이었던 것에 반해, 노예 헤일로타이는 약 10만 명이나 되었다. 그래서 스파르타인들은 노예의 반란을 막으려고 안간힘을 썼다. 스파르타에서 시민에게 어린 시절부터 군사 교육(스파르타 교육)과 합숙 생활을 시킨 것도 스파르타의 노예 제도를 유지하기 위해서였다.

아테네와 스파르타의 비교

	아테네	스파르타
폴리스 형태	집주형	정복형
사회 구성 인구비 (추계)	아테네 시민 ⋯ 52% 메토이코이(재류외인) ⋯ 13% 노예 ⋯ 35%	스파르타 시민 ⋯ 6% 페리오이코이(주변민) ⋯27% 헤일로타이 ⋯ 67%
정치	귀족정 → 민주정	귀족정(스파르타 시민이 주체)
외교·군사	개방적·해군 주체	폐쇄적·육군 주체
경제	상공업, 해외 무역	농업 주체로 상업 억제
노예제	시민의 개인 소유 채무 노예, 구매 노예	국유(시민 공동 소유) 정복 노예
문화	학문과 예술 발달	군국주의로 정체

16세기 신대륙에서 되살아난 '노예제 옹호론'

'노예제 옹호론'은 대항해 시대의 스페인에서 되살아났다. 정복자란 의미의 콩키스타도르Conquistador가 스페인 왕으로부터 신대륙의 원주민 인디오를 기독교화하도록 위탁받았다는 이유로 농장이나 광산에서 원주민을 노예로 부리도록 허용된 엔코미엔다Encomienda라는 제도 때문이다.

이 제도는 16세기 초에 스페인 왕이 원주민을 기독교로 개종시키는 대가로 콩키스타도르에게 일정 수의 원주민을 사역하도록 허가하면서 시작되었다. 최초로 엔코미엔다가 된 사람(실질적으로는 노예)의 수는 멕시코와 페루에서 각각 500여 명이었다. 콩키스타도르는 원주민 구제에는 일말의 관심도 없었다. 그들을 마구 착취했다. 엔코미엔다제는 실질적으로 노예 제도나 마찬가지였던 셈이다.

원래 엔코미엔다제의 기원은 대항해 시대 이전 이베리아 반도에서 전개된 레콩키스타Reconquista(국토회복운동)다. 이슬람교도를 정복한 스페인 기사에게 그 대가로 정복한 땅과 그곳 사람들을 일시적으로 하사한 일이 기원이었다.

선교사들은 그것을 인간의 평등을 설파하는 기독교 교리에 어긋나는 일이라고 엔코이엔다제의 비인도성을 지적하며 스페인 궁정에서 논쟁을 벌였다. 그때 옹호파가 근거로 제시한 것이 전술한 '아리스토텔레스의 노예제 옹호론'이다.

한편 도미니크수도회 선교사 라스 카사스Las Casas는 스페인 정복자들이 인디오를 학대한 사실을 다룬 '인디아스 파괴에 관한 간결한 보고'를 발표하고, 원주민을 노예로 삼은 엔코미엔다제에 맹공을 퍼부었다. 1503년 스페인 궁정은 '인디오는 자유민이지 노예가 아니다'라는 칙령을 반포하고, 1542년 인디아스 신법을 제정하며 마침내 엔코미엔다제는 폐지된다.

그러나 스페인 본국과 대서양을 사이에 둔 신대륙에서는 스

엔코미엔다제를 비판했던
라스 카사스

페인계 이주민의 이익이 우선시되어 원주민을 노예로 삼는 일이 계속되었다. 스페인 궁정에서는 일단 형식을 차렸으나, 실제로는 잘 실천되지 않았다. 본국에서 멀리 떨어진 신대륙까지 궁정의 뜻이 닿지 않았던 것이다.

엔코미엔다제가 완전히 종식된 계기는 천연두였다. 스페인이 신대륙에 옮긴 천연두가 만연하면서 인구가 크게 줄어(1세기 동안 인구가 10분의 1로 감소) 더 이상 엔코미엔다제를 유지할 수 없게 되었다. 하지만 이후에도 원주민들을 채무 노예, 즉 빚쟁이 노동자로 대농장에서 일했기에 그들의 생활은 크게 변하지 않았다.

chapter 3

'주지육림'에서 시작된
역대 중국 왕조의 거짓말

사적 왕조에 어떻게 권위를 부여할 것인가

중국의 역사는 부계 동족 집단인 '종족'이 주축을 이루었던 농업 사회였다. 중국사를 푸는 첫 번째 열쇠는 족보, 족산(조상 숭배 및 자녀 교육비를 마련하기 위한 공동 재산), 사당을 공동으로 소유하는 대규모 혈연 집단인 '종족', 두 번째는 직업과 고향 등이 같아 흡사 혈연 집단과 비슷한 '봉幇'이다. 왕조는 강대해진 종족이 다른 종족을 거느리고 일정 지역을 지배했기 때문에 기본적으로는 사적 통치 체제라고 볼 수 있다. 하지만 그런 식으로는 안정적인 지배가 어렵기 때문에 지배를 정당화하기 위한 노력이 거듭되었다.

예컨대 중국의 왕은 자신을 열 개의 태양신(고대 중국에서는 갑, 을, 병, 정, 무, 기, 경, 신, 임, 계라는 열 개의 태양신이 차례로 대지를 비춘다고 여겼다)이라 칭하며 나라를 통치하였다. 열흘마다 행해진 골점骨占이 바로 그 증거다. 신의 뜻을 이해할 수 있다던 은殷왕은 우골이나 귀갑에 얕은 구멍을 수없이 뚫고 끓는 물에 익혀서 균열이 생기면, 그것을 보고 열흘 동안 나타날 길흉을 점쳤다.

뼈는 신성한 물건이었으니 점친 결과를 기록해야 했다. 그래서 골점 결과를 동물의 뼈에 새겼는데, 그때 사용된 문자가 바로 교과서에서도 익히 봤던, 한자의 유래가 된 '갑골문자'다.

문제는 그 전으로 거슬러 올라간다. 기원전 1046년경에 '희姬'씨 일가가 은나라를 쓰러뜨리고 주周나라를 건국했다. 그러나 은나라를 무너뜨린 무왕은 명망 있는 종족의 우두머리에 지나지 않았다. 이렇듯 주 왕조는 사적 권력에 불과했으므로 지배를 정당화하려면 뭔가 방법을 궁리해내야만 했다.

'역성혁명'이라는 픽션

그리하여 꾸며낸 것이 '주지육림酒池肉林'이다. 주지육림은 은나라 왕의 행실이 몹시 방탕하고 악랄하다는 내용의 이야기로, 이 가짜뉴스를 퍼뜨리면서 무왕의 지배를 합법화했다. 이런 일은 꽤 자주 있는 일이었으나, 중국은 여기에 하늘신의 뜻인 '천명天命'을 덧붙이면서 고유의 정치 구조를 완성하였다. 그 체제는 점차 거대해지며 오랫동안 세습된다.

은나라 최후의 왕 주紂왕을 쓰러뜨린 무왕은 주왕의 아들 무경에게 수도 인근 지역에 대한 지배권을 위임한다. 그러나 무왕이 죽고 어린 성왕이 즉위하자 무경이 반란을 일으킨다. 성왕의 숙부 주공이 이를 무력으로 제압하고, 화북평원의 요충지에 가문 사람을 제후로 파견해 지배 체제를 견고히 한다. 그것이 바로 주나라의 봉건제도다. 혈연 집단인 종족에 의해 광활한 영역이 지배되었지만, 그것도 설득력 있는 명분 없이는 장기 지배 체제를 유지할 수 없었다.

그래서 주周왕조는 가문의 안정적인 지배를 위해서 한 가지 거짓말을 꾸며낸다. 북극성을 중심으로 한 자미궁(보랏빛이 희미하게 보이는 궁전)에 사는 '천제天帝'라는 가공의 신을 등장시킨 것이다. 천하를 지배하는 천제가 '덕 있는 인간'을 자신의 대리인으로 삼아 지배를 위임했다는 이야기다.

그렇게 은나라를 무너뜨린 무왕 일가는 천제로부터 지배를 천명받았다고 선포했다. 백성들은 그들의 지배가 곧 천제의 뜻이었으므로 거역할 수 없었다. 그리하여 무왕 일족은 다른 종족들과는 다른 특별한 존재가 되었다. 하지만 제아무리 천제의 뜻이라 한들 은나라를 멸망시키려면 그만한 이유가 있어야 했다.

중국의 혁명 사상

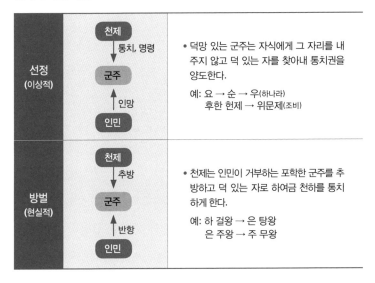

선정 (이상적)	천제 ↓ 통치, 명령 군주 ↑ 인망 인민	• 덕망 있는 군주는 자식에게 그 자리를 내주지 않고 덕 있는 자를 찾아내 통치권을 양도한다. 예: 요 → 순 → 우(하나라) 　　후한 헌제 → 위문제(조비)
방벌 (현실적)	천제 ↓ 추방 군주 ↑ 반항 인민	• 천제는 인민이 거부하는 포학한 군주를 추방하고 덕 있는 자로 하여금 천하를 통치하게 한다. 예: 하 걸왕 → 은 탕왕 　　은 주왕 → 주 무왕

그리하여 꾸며낸 이야기가 '주지육림'이었다.

은나라 주왕이 왕궁 정원에 술 연못을 파고 고깃덩이를 매달아 숲을 만드는 등 향락에 빠져 백성을 등한시했으므로 천제가 그 뜻을 새로이 하여 '희姬'씨 일가에게 지배를 위임하고 새로운 왕조를 세울 것을 천명했다는 것, 즉 이것이 바로 '역성혁명'이다.

그에 따라 대혈연 집단의 독재가 가능하게 되어 이로써 유력 종족의 전국 지배 체제가 되풀이된다. 천제가 지배하는 천하란 곧 세계를 말한다. 여기에는 유목 세계도 포함되기 때문에, '천명'

획득 경쟁에는 유목민도 합세했다. 중국의 여러 왕조 가운데 수
隋, 당唐, 원元, 청淸이 바로 유목계 왕조다.

'천명'을 증명하기 위해 편찬된 방대한 역사서

천명을 증명하고 천제의 뜻에 따라 왕조가 세워졌다는 증거
로 삼은 것이 바로 역사서다. 역대 왕조들은 스스로 '천명'에 따른
왕조임을 보이기 위해 사관에게 왕조의 성립을 설명하는 역사책
을 쓰게 하고(대부분 전 왕조의 역사를 적절하게 개작한다) 민중이 알아
듣기 쉽도록 각색하여 후세에 남겼다.

불편한 부분은 삭제하고 지배의 정당성을 강조하기 위한 대
단히 이데올로기적인 역사서였다. 그러다 보니 종종 '백발삼천장
白髮三千丈' 식의 과장된 이야기가 기록되었다.

중국이 실질적인 자본주의 경제로 전환하면서 일당 독재를
유지하는 정책을 취할 때, 지도자 장쩌민은 사회주의 교육에서
애국주의 교육으로 바꿨다. 그러한 과정에서 항일전쟁을 강조하
며 일본은 악당, 중국 공산당은 영웅이라는 도식을 선전하였다.
현재 정세를 보면 중국은 '천명'에 대한 고집이 아직도 강하게 남
아 있는 듯하다.

참고로 중국에는 신 왕조가 전 왕조의 역사를 각색하여 자신들의 지배를 합리화하는 경향이 있다. 그래서 천제가 여러 왕조를 인정하였음을 보여주는 《24사二+四史》라는 역사서가 현존하는 것이다.

chapter 4

미신으로 정보를 조작하고
황제 자리에 오른 왕망

음모론으로 왕위를 빼앗다

전한과 후한 사이에는 15년 동안 명맥을 이어온 신新(AD 8~AD 23년)이라는 왕조가 있었다. 신은 왕망이 세운 나라다. 전한의 제10대 황제인 원제의 황후(원후)에게는 남동생 왕만이라는 인물이 있었다. 그 왕만의 둘째 아들로 태어난 이가 바로 왕망이다. 원제가 죽고 원후가 낳은 성제(제11대 왕)가 즉위하자, 외척인 왕씨 일가가 권세를 떨치게 된다. 그런데 왕씨 가문에는 변변한 인재가 없었다. 그러한 가운데 아버지를 일찍 여의고 마땅치 않은 처지에 있던 왕망에게 때마침 황제 자리에 오를 기회가 생긴 것이다.

두뇌 회전이 빠른 야심가였던 왕망은 민심을 사겠다는 계책을 세우고 왕씨 집안에서 평판을 쌓아갔다. 왕망에게는 그럴 능력이 충분히 있었다. 성제 말년에 30대 후반이었던 왕망은 고위 관리직 대사마(오늘날 국방부 장관)의 자리에 오른다.

그때부터 책사 왕망은 그 진가를 발휘하게 된다. 하지만 성제가 죽고 그의 조카가 왕위를 이어받아 제12대 왕 애제에 오르면서, 더 이상 황실의 외척이 아니게 된 왕망은 대사마 자리에서 물러나야 했다. 그 후 애제가 재위 6년 만에 죽자 왕망과 그 일가는 계략을 꾸며 겨우 여덟 살밖에 안 된 아이를 제13대 왕 평제로 즉위시킨다. 그리고 왕망은 다시 대사마 자리로 복직한다. 거기다 왕망은 자신의 딸을 황후에 앉히고, 평제의 어머니 위衛씨 집안을 권력 남용을 이유로 도읍에서 추방하였다.

그러던 중 왕망의 장남 왕우가 위씨 집안을 도우려고 하자, 왕망은 위씨가 역모를 꾀한다 하여 그 일족을 차례차례 스스로 목숨을 끊게 하고 아들 왕우마저 독살시켰다. 세상 사람들은 왕우의 죽음을 보고 위씨가 역모를 꾀한 것이 틀림없다고 확신한다.

더 나아가 왕망은 평제를 독살했다. 그리고 나서 성제의 한 살배기 고손자 영嬰을 황태자로 책봉하고 자신을 '섭황제攝皇帝'라 칭한다. 언제든 황제 자리에 오를 만반의 태세를 갖춘 셈이다. 그로부터 3년 후, 왕망은 황제에 즉위하고 '신'이라는 왕조를 창건한다. 감쪽같이 황제 자리를 꿰찬 것이다.

왕망은 '선양혁명禪讓革命'을 주장하며 왕권 교체를 천제의 뜻이라 하였다. 선양이란 모름지기 황제 자리는 결국 온화하고 덕망 있는 자에게 넘겨지기 마련이고, 하늘의 신인 천제도 이를 인정한다는 주장이었다. 하지만 실제로 왕망은 중국 역사상 최초로 왕위를 찬탈한 자에 불과했다.

날조와 개명으로 새 왕조를 내세우다

왕망은 자신이 천제로부터 선택받은 덕망 있는 사람임을 하나하나 증명하며 대중에게 선전하기 위해 온갖 정보를 조작했다. 이를테면 이런 식이었다. 꿈속에 어떤 촌장이 나타나 '섭황제 대신 왕망을 황제로 만드는 것은 천제의 뜻이니라. 못 믿겠으면 마을에 새 우물을 파 놓았으니 가서 확인해보아라'라고 했다는 식의 허무맹랑한 이야기를 꾸며냈다.

당시에는 '참위설讖緯說'이라 하여 천제의 뜻이 구체적인 어떤 일로 나타난다는 이야기가 유행했는데, 왕망이 그러한 미신을 교묘히 이용한 것이다.

앞서 말한 '주지육림' 이야기가 아니라도 본래 중국에서는 왕권이 바뀔 때마다 천제의 뜻이 바뀌어 왕조가 교체된다고 설명했다. 하지만 왕망의 경우에는 자신이 전한의 최고 관리직인 대사마를 지냈으니, 차마 전한을 나쁘게 만은 몰아갈 수 없었다.

그런 까닭으로 왕망은 새로운 신 왕조를 창건하여 새롭게 시작하고자 한 것이다. 수도 장안을 상안으로, 흉노를 항노로, 고구려를 하구려라는 식으로 지명과 민족명을 개명하고 제도를 바꾸면서 왕망은 신 왕조가 나타났음을 세상에 알렸다.

왕망은 유교가 이상으로 삼는 《주례周禮》에 기초해 제도를 개편했지만, 탁상공론에 그치고 번번이 실패로 돌아간다. 예컨대 천하의 땅은 모두 왕전王田이니 그 매매를 금지한다, 노비 매매를 금지한다, 관료 제도를 주나라 시대의 것으로 바꾼다, 화폐를 사슴 가죽 등 현물로 바꾼다와 같은 정책으로 사회를 큰 혼란에 빠트렸다.

사회 혼란으로 조세 징수가 어려워지자 소금, 철, 술 등의 전매 수입에 열을 올리게 된다. 혼란스러운 상황이 계속되자 왕망의 정치에 여기저기서 불만이 터져나왔다. 그러다 눈썹을 붉게 칠한 적미군이 '한漢' 왕조의 부흥을 외치는 반란을 일으켜 23년에 장안이 함락된다. 결국 적미군의 반란으로 스스로 '천명'을 받았다고 칭한 왕망은 시해되고, 한나라는 후한後漢이라는 이름으로 새로이 부활한다.

당연한 이야기겠지만 후한에 쓰인 역사서 《한서漢書》의 〈왕망전〉에는 왕망이 왕조를 찬탈한 자로 기록되어 있다.

한나라에서 횡행한 소금, 철, 술 전매제

왕망이 태어나기 전으로 시간을 되돌려보자. 농업국가였던 한나라의 가장 큰 문제는 몽골고원의 기마 유목 세력인 막강한 흉노와의 관계를 어떻게 풀어가느냐였다.

오초칠국의 난을 평정하고 한나라의 전성기를 이룩한 제7대 황제 무제武帝는 기원전 127년에 '추은推恩의 영'을 내려, 제후들에게 영지를 자제에게 분할하고 그들을 제후로 올릴 것을 명한다. 황제의 은덕을 널리 한다는 구실로 제후의 영토를 대대로 분할하여 그들의 힘을 약화시키고 황제권을 강화하려고 한 것이다.

그렇게 황실 내부를 견고히 다지면서 무제는 흉노와의 전면전을 과감히 실행한다. 전쟁이 시작되고 무제는 흉노에게 패해 몽골고원으로 쫓겨난 대월지大月氏와 동맹을 맺기 위해 기원전 139년에 장건張騫을 인더스강 상류의 박트리아 지방에 파견하였지만 실패로 돌아간다. 하지만 흉노로부터 중앙아시아에 이르는 하서주랑河西走廊을 빼앗고 무제는 이곳에 둔황 등 4군을 설치해 서역 진출의 거점으로 삼는다. 또한 기원전 112년에는 베트남 북부 남월을 토벌하여 일남군을 두고 기원전 108년에는 한반도 북부를 정벌하여 낙랑군 등 4군을 설치한다.

하지만 이러한 대규모 군사 활동은 재정에 커다란 부담을 주

전한의 외교 정책 (BC 2세기)

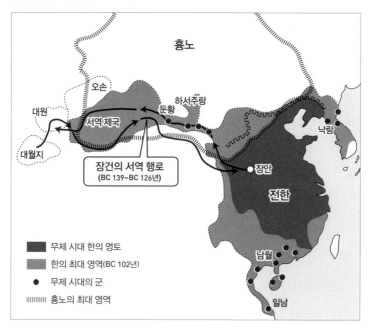

흉노

오손
대원
하서주랑
둔황
서역 제국
낙랑
대월지
장건의 서역 행로
(BC 139~BC 126년)
장안
전한

■ 무제 시대 한의 영토
■ 한의 최대 영역(BC 102년)
● 무제 시대의 군
||||||||| 흉노의 최대 영역

남월
일남

었다. 그래서 무제는 상인에게 재산세를 내게 하고, 탈세한 자에게서는 많은 양의 세금을 거두어들였다. 그것도 모자라 상업 분야까지 진출하여 유통 쪽에서도 세금을 징수하려 들었다.

그리하여 기원전 120년에는 소금과 철, 이어서 기원전 98년에는 술을 국가 전매품으로 삼아 고가에 팔아치웠다. 국가는 그 물건들을 관리하고 비싼 세금을 매겨 팔며 상인의 이익을 빼앗는 전매제를 취했다. 하지만 세금은 세금대로 거두어들였기에 세금을 이중으로 징수하는 꼴이 되었다. 토지세와 인두세를 걷고 소금, 철, 술에 과세함으로써 민중의 생활을 더욱더 힘겹게 몰아간 것이다.

'술은 백약의 장', 사실 세금 징수를 위한 캠페인이었다

애주가들을 안심시키는 말 가운데 '술은 백약의 장'이라는 속담이 있다. 아마 이 말에 동의하는 사람들이 꽤 있으리라. 하지만 사실 이 말은 왕망이 세금을 늘리기 위해 지어낸 캠페인이었다.

《한서漢書》의 〈식화지하食貨志下〉에 보면 '소금은 식효食肴의 장將, 술은 백약百藥의 장長, 가회嘉會의 호好, 철은 전농田農의 본本'이라는 말이 있다. 한마디로 '소금, 술, 철제 농기구를 사세요'라는 선전인 셈이다.

전한의 전성기인 한무제 시기, 50년에 걸친 흉노와의 전면전으로 재정이 바닥나자, 나라에서 상업에 직접 개입하여 유통 쪽에서 수입을 얻고자 했다. 산림총택山林叢沢은 황제의 것이라며 상인의 이익을 가로챈 것이다.

무제는 상홍양桑弘洋이라는 재정가를 끌어들여 토지세 외에 농민 생활에 없어서는 안 될 소금과 술, 철제 농기구의 판매권을 상인들에게서 빼앗아 균수법과 평준법을 시행하였다. 이로 인해 상인들이 돈벌이를 잃게 되면서 상업도 침체되고 재정도 악화되었다.

그러던 가운데 외척인 왕망이 신나라를 세웠다. 유교색 짙은 이상 정치를 추구한 왕망에게도 재정을 되살리는 일이 시급했다. 그래서 '술은 백약의 장'이라는 말을 생각해낸 것이다.

chapter 5

페르시아 전쟁에 대한 복수, 알렉산드로스의 진짜 목적

기마 군단과 중장 보병으로 페르시아 왕을 박살내다

마케도니아의 알렉산드로스 3세는 짧지만 가장 극적인 생애를 보낸 인물로서 그 영웅 신화도 굉장히 휘황찬란하다. 알렉산드로스는 스무 살에 아버지 필리포스 2세의 뒤를 이어 코린토스 동맹(스파르타를 제외한 그리스의 모든 폴리스가 참가했다)의 맹주로서, 기원전 334년에 6만 4,000명의 군사를 거느리는 압도적인 대제국 페르시아 원정(동방원정)에 나선다. 그리스에 막대한 손실을 입힌 페르시아에 대한 복수로 대대적인 토벌전이 시작된 것이다.

알렉산드로스는 기원전 333년에 이소스 전투에서 페르시아 왕 다리우스 3세의 대군을 격파한다. 무엇보다 기마 군단과 중장 보병의 힘이 컸다. 다리우스 3세는 혼비백산하여 달아나는 데 급급했다. 왕의와 활, 전차도 내팽개친 채 어머니와 아내, 두 딸과 어린 아들마저 버리고 달아날 만큼 무참히 패했다.

이로써 다리우스 3세의 권위는 땅에 떨어졌다. 알렉산드로스 3세는 그런 사실을 최대한 널리 퍼뜨리며 새 지배자의 자리에 오른 자신을 선전했다.

다리우스의 후임자를 노리던 알렉산드로스는 마치 자신이 그들의 왕이라도 되는 양 포로가 된 페르시아 왕족을 정중히 대했다. 한편 다리우스 3세가 제안한 평화 교섭 제의는 단칼에 거절했다. 더 이상 당신의 시대가 아니라는 점을 다리우스에게 똑똑히 새겨두려 한 것이다. 알렉산드로스는 자신의 행동 하나하나가 선전거리라는 사실을 누구보다 잘 알았다.

그 후 알렉산드로스는 레바논으로 쳐들어가 페니키아인의 거점 도시 시돈과 티루사를 정복했다. 그리고 "지금부터 나를 아시아 군주로 섬겨라. 우리는 결코 대등하지 않다"라고 선포했다.

이어서 대곡창 지대인 이집트를 침략한 알렉산드로스는 이집트의 주신 아몬을 받아들인다. 그는 신관들의 마음을 사로잡는 것이 중요하다고 여겨 신전을 볼 때마다 공물을 바쳤는데, 이는 제법 효과가 있었다. 알렉산드로스가 대곡창 지대인 이집트를 무너뜨리면서 다리우스 3세와의 권력 관계가 한 방에 뒤바뀌게 된다.

알렉산드로스 제국

BC 323년 알렉산드로스 제국의 영역

기원전 331년, 알렉산드로스 군대는 알베라 전투에서 다시 페르시아군과 싸웠다. 다리우스 군대는 이번에도 무참히 패배하고 75~100톤의 은과 전차, 활 등을 버리고 퇴각했다. 페르시아 수도 수사를 함락시킨 알렉산드로스는 1,000~1,250톤에 달하는 은괴와 200톤이 넘는 다레이코스 금화를 손에 넣었다.

그러다 마침내 기원전 330년, 제국 권위의 상징이었던 페르세폴리스 왕궁을 점령하고 불태우면서 복수를 명목으로 한 페르시아 원정은 끝이 났다.

그 후 알렉산드로스는 군사를 재편하여 그의 스승 아리스토텔레스의 '세계를 지배한다'라는 이상을 구현하고자 인더스강을

이소스 전투
이륜 전차에 올라탄 다리우스 3세(오른쪽), 말에 탄 알렉산드로스(왼쪽)

넘어 인도를 침공한다. 그러나 인도군의 격렬한 저항에 부딪쳐 뜻을 이루지 못하고, 기원전 323년 바빌론으로 귀환한 후 열병에 걸려 서른두 살에 세상을 떠나게 된다. 동방원정을 시작한 지 불과 12년 만에 생을 마감한 것이다.

베수비오 화산 폭발로 화산재에 묻힌 폼페이 유적에서 발견된 유명한 모자이크화에는 이소스 전투에서 전차를 타고 달아나는 다리우스 3세와 그 뒤를 쫓는 알렉산드로스의 모습이 담겨 있다. 그림에서도 알 수 있듯이 알렉산드로스의 승리에는 진보한 군사 기술의 공이 상당히 크다.

페르시아 제국은 말이 끄는 이륜 전차로 군대를 이끈 반면, 알렉산드로스는 스키타이인의 기마 군단과 그리스의 중장 보병 밀집 전법이 어우러져 군사적 우위에 서게 된 것이다.

그리스 사회의 위기를 페르시아 전쟁에서 구하다

알렉산드로스는 아버지의 뜻을 이어 페르시아 전쟁에 대한 복수와 이민족의 노예가 된 소아시아(터키 반도)의 그리스인 해방을 내걸고 원정군을 조직했다. 하지만 이는 표면적 이유일 뿐, 원정의 실질적 목적은 따로 있었다. 펠로폰네소스 전쟁 이후 연이은 전쟁으로 붕괴한 폴리스를 되살리는 것이 원정의 진짜 목적이었다.

다시 말해 일이 없는 사람들에게 일거리를 주고 질서를 회복하기 위함이었다. 아테네의 철학자 이소크라테스Isokrates는 마케도니아 왕 필리포스 2세에게 보낸 편지에서 다음과 같이 주장했다.

"무산 시민에게 생계를 마련해주고,
그들이 한데 모이는 것을 막지 않는다면, 그 수가 급증해
'바르바로이(그리스인이 이민족을 가리키는 말)'처럼 되어버릴 것입니다.

그런 무리는 바르바로이와의 전쟁에 이용해야 마땅합니다."

한마디로 페르시아를 쓰러뜨리고 동방을 식민화함으로써 경제 격차가 커져 불만이 팽배한 폴리스를 위기에서 건져낼 생각이었다. 이처럼 동방원정의 진짜 목적은 폴리스 사회의 내부 붕괴를 막는 데 있었다.

페르시아 제국의 후계자가 되고 싶었다?

알렉산드로스는 페르시아를 정복하자 마케도니아·그리스 연합군을 해산하고 '원정의 종식'을 선언했다. 이후 페르시아인들은 알렉산드로스를 왕으로 대접하며 무릎 꿇고 절을 올렸다. 이윽고 알렉산드로스는 페르시아 왕의 딸과 결혼하고 측근 고위 관료 80명과 장병 1만 명도 페르시아인들과 결혼시켰다.

알렉산드로스는 페르시아풍 의상과 궁정 의례를 들여왔다. 그리고 페르시아 제국의 후계자 자리에 슬금슬금 눈독을 들이기 시작했다. 게다가 알렉산드로스는 갑자기 태도를 바꾸어 그때까지 함께 싸워온 마케도니아 귀족들도 자신에게 무릎 꿇고 예를 갖출 것을 요구했다.

플루타르코스의 《영웅전》에는 다음과 같은 기록이 있다.

"알렉산드로스는 수사에서 측근들의 결혼식을 거행하고
자신도 다리우스의 딸 스타테이라를 아내로 맞았다.
신분이 높은 여자들은 신분이 높은 신하들과 결혼을 시켰다.
이미 결혼한 마케도니아인들까지 모여 성대한 피로연을 열었다."

물론 일부 마케도니아인과 그리스인들은 그런 알렉산드로스의 행실을 못마땅해 했다. 그들의 주장에 따르면, 페르시아를 정복했으면 페르시아를 그리스화시켜야 하는데 어찌된 영문인지 거꾸로 되었다는 것이다. 그런데도 알렉산드로스는 거대한 페르시아 제국을 놓지 않고 꿋꿋이 후계자의 길을 택했다.

이후 알렉산드로스는 인더스강 유역에서 인도에 이르는 원정을 시작하고, 이를 위해 정복의 거점으로 각지에 알렉산드리아를 구축했다. 그런데 이를 두고 나온 정곡을 찌르는 견해가 있다. 실은 알렉산드로스가 불만 세력을 사방으로 분산시켜 반대파를 없애고자 마련한 것이 아니냐는 것이다. 훗날 그렇게 이주한 그리스인들은 그레코 박트리아 왕국(BC 256~BC 130년)을 세운다.

서양사에서는 그리스를 유럽 문명의 근원지로 여긴다. 그 때문에 '엔타시스 기둥'이나 불상의 '아르카익 스마일' 등과 같은 동점東漸(문화나 세력이 점점 동쪽으로 옮겨 퍼짐)을 강조한다. 그러나 알렉산드로스는 반대로 화려한 페르시아 문명을 동경했다.

알렉산드로스의 원정으로 페르시아풍 의례는 지중해 세계로 퍼져나갔다. 훗날 그것은 로마 제국의 황제 숭배로 이어졌다. 로마 제국에서 팔레스티나의 그리스도교와 페르시아의 미트라교(태양 신앙)가 양대 종교가 된 것도 '동방 문명의 서점西漸'이 나타나는 부분이다.

멈출 줄 모르는 그리스의 쇠퇴

헬레니즘 시대(BC 330~BC 30년)에 그리스 본토에서는 마케도니아의 지배에 대항한 폴리스의 반란이 이어지면서 인구가 크게 줄었다. 기원전 3세기의 그리스 정치가 폴리비오스Polybios가 로마에 인질로 보내져 스키피오 아이밀리아누스Scipio Aemilianus에게 극진한 대우를 받는다.

그리고 제3차 포에니 전쟁(BC 149~BC 146년, 페니키아인의 식민지였던 카르타고와 로마 공화정 사이에 벌어진 세 번째 포에니 전쟁)에서 폴리비오스는 불길에 휩싸인 카르타고를 눈앞에서 지켜보았다. 그리스도 쇠퇴해가기는 마찬가지였다. 폴리비오스는 그런 그리스를 두고 이렇게 말했다고 한다.

"그리스의 모든 도시가 쇠퇴하고 있다.
땅이 황폐해지고 출산율은 낮아져 인구가 줄고 있다.
이러한 현상은 전쟁과 전염병의 만연으로 초래된 것이 아니다.
사람들의 자만심이 하늘을 찌르고 탐욕이 그득해져
게으름에 빠진 탓이다. 결혼하려고도 하지 않는다.
설사 아이가 생겨 키우려고 결혼했다 치더라도,
대개는 한두 명만 낳아 그럭저럭 보살펴 키우는 데 그칠 뿐,
생활은 점점 공허해지고 있다. 그런 악풍은 순식간에
퍼지기 마련이라 사람들은 이와 같은 현상을
전혀 알아차리지 못한다."

과거의 공동체 폴리스가 개인으로 분열되면서 그리스 시민들
은 예전과 같은 패기를 잃은 것이다. 어쩐지 현재의 우리와 닮은
듯하다.

chapter 6

팍스 로마나는 거짓?
각색된 로마사

명언 제조기 카이사르

카이사르는 로마를 대표하는 정치가이자 군인, 문필가로 알려져 있다. 마냥 훌륭하다고도 나쁘다고도 할 수 없는 카이사르지만, 그를 빼놓고선 로마를 논할 수 없다. 그는 이탈리아 반도의 농업 폴리스였던 로마를 지중해 제국으로 이끈 인물이다. 그렇지만 카이사르가 무슨 일을 했느냐 물으면, 딱히 뭐라 대답해야 될지 모르겠는 것도 사실이다.

그렇다면 그동안 지나치다 싶을 정도로 선전된 영웅 카이사르는 실제로 무슨 일을 했을까? 왜 과대 선전이 필요했고 어떻게 하여 설득력을 갖추게 되었을까?

"학습보다 창조다. 창조야말로 인생의 본질이다."

"인내심을 갖고 고통을 견뎌내는 남자를 발견하는 것보다

솔선수범해서 죽으려는 남자를 찾는 편이 훨씬 쉽다."

"곤경은 친구를 적으로 바꾼다."

카이사르는 이와 같은 수많은 명언을 남겼다. 그 밖에도 폰토스 왕국군을 젤라에서 승리한 사실을 로마에 전할 때는 "왔노라, 보았노라, 이겼노라"라는 명언을 남겼다. 죽기 직전에는 '브루투스 너마저……'라는 주옥같은 명대사를 남긴 것으로도 유명하다.

영웅 카이사르가 과대 선전된 이유는?

카이사르의 정식 이름은 가이우스 율리우스 카이사르다. 가이우스는 이름, 율리우스는 씨족명, 카이사르는 성에 해당하므로 당시 로마가 혈연으로 맺어진 부족 사회였음을 알 수 있다.

카이사르는 기원전 100년에 태어나 기원전 44년에 암살당했다. 기원전 146년에 포에니 전쟁이 끝난 뒤, 로마가 지중해를 '우리 바다'라고 했고, 기원전 27년에 로마 제정 시대가 시작되었으니까 카이사르는 원로원에 지배를 받은 농업 도시국가였던 로

마가 지중해 제국으로 탈바꿈하는 시기의 리더였다고 보는 것이 적절하다.

로마의 가난한 명문가에서 태어난 카이사르의 삶은 대부분 공동체 속에서 출세 경쟁을 하는 데 소모되었다. 그는 37세에 대신관, 38세에 법무관으로 출세의 가도를 걷는다.

카이사르가 로마 역사에 이름을 새긴 건 기원전 60년부터 기원전 44년까지다. 그는 40세에 명문 출신 폼페이우스Pompeius, 부자 크라수스Crassus와 함께 원로원에 대항하는 사적 밀약(제1차 삼두정치)을 맺는다. 이듬해에는 콘술(로마 공화정 시대 최고 관직)에 오르고, 56세에는 종신 독재관(로마의 독재자)이 되어 암살당하기까지 그의 재임기간은 15년에 불과하다. 앞서 말한 알렉산드로스와 마찬가지로 카이사르의 활약 시기도 대단히 짧은 축에 속한다.

그 15년 동안 카이사르는 속주를 확대하고 도시국가였던 로마를 로마 제국으로 탈바꿈시켰다. 빈민으로 조직한 사병 군단을 이끌고 원정길에 올라 광활한 토지를 획득하여 속주로 만든 다음, 거기서 얻은 부를 도시 로마로 환원했다. 그의 정복 활동이 로마의 가난한 백성을 지탱하고 로마를 빛나게 한 셈이다.

카이사르는 42세부터 50세까지 벌인 갈리아 전쟁에서 갈리아, 게르마니아, 브리타니아의 광대한 영토를 로마의 속주로 편입하여 지배한다. 이는 카이사르의 정치 자산이 되었다. 그는 '분단해서 정복하라'라는 말을 남겨 후세에 이민족 지배의 원칙으로 삼게 한다.

51세 때는 원로원과 손잡은 폼페이우스와의 대립이 심해지자 최후의 결전을 다짐한다(그때 한 말이 "주사위는 던져졌다"다). 국법을 어기고 자신의 무장 군단을 이끌고 루비콘강을 건넌다. 이윽고 폼페이우스군을 무찌르고 로마의 독재자 자리에 오른다. 그 후에는 알렉산드리아 전쟁으로 이집트에 들어가고 그곳에서 클레오파트라를 만나게 된다.

53세 때는 원로원에서 승리를 거둔 그에게 '임페라토르Imperator (군대 최고 지휘관)'라는 칭호를 수여한다. 임페라토르는 훗날 황제 Emperor의 어원이 된다. 55세 때는 이집트 달력을 들여와 '율리우스력'이라 칭하고 그가 태어난 7월을 자신의 이름에서 따 '줄라이'라고 붙였다.

카이사르는 로마의 종신 독재관이 되어 '공화정의 적'이라는 꼬리표를 달고 원로원에 의해 암살당한다. 그가 암살당하고 카이사르 당파의 소속 부하가 제2차 삼두정치를 조직해 원로원을 제압한다. 그중 옥타비아누스Augustus가 '카이사르의 후계자'로서 원로원의 최고 의원인 원수이자 임페라토르로 제정帝政을 시작한다. 그리고 마침내 지중해 주변을 속주(식민지)로 삼은 제국을 형성한다. 그렇게 카이사르는 제국의 창시자로 역사에 이름을 남기게 된 것이다.

소아시아와 북아프리카 중심으로 형성된 세계사에서 변방이었던 유럽이 로마 제국과 함께 전면에 등장했다. 그래서 카이사르에서 볼 수 있듯이 과도하게 각색된 이야기가 만들어졌다. 로마는 당연히 번영했을 것이라는 로마 제국의 허상을 차츰 완성해갔다. 다음에서 다룰 두 가지 주제는 이를 뒷받침한다.

정치가 클레오파트라가 절세미인이 된 이유

일본에서는 세계 3대 미인으로 클레오파트라, 양귀비, 오노노 고마치(또는 트로이 전쟁의 원인이 된 스파르타의 왕비 헬레나)를 꼽는다. 그런데 이 셋 중 클레오파트라만 그 성격이 조금 다르다.

클레오파트라는 고대 이집트를 지배한 프톨레마이오스 왕조(BC 305~BC 30년) 최후의 왕 클레오파트라 7세를 일컫는다.

페르시아 제국을 무너뜨린 알렉산드로스 3세가 갑자기 세상을 떠나자 부하 프톨레마이오스Ptolemaeos가 이집트에 왕조를 세운다. 그리스 상인과 손잡은 로마가 포에니 전쟁(BC 264~BC 146년)에서 카르타고를 쓰러뜨리고 동지중해로 세력을 뻗어나간 기원전 51년에, 클레오파트라 7세는 남동생 프톨레마이오스 13세와 결혼하여 프톨레마이오스 왕조의 공동 통치자가 된다.

당시 로마는 평민파 실력자 카이사르와 귀족파 폼페이우스가 싸우고 있는 상황이었다. 대국인 로마와 어떠한 관계를 쌓을 것인가에 대한 문제로 남매는 늘 의견이 분분했다. 그러던 가운데 남동생이 쿠데타를 일으켜 클레오파트라를 내쫓아버렸다. 이로 인해 클레오파트라는 폼페이우스를 몰아낸 카이사르와 손잡을 수밖에 없게 된 것이다.

21세였던 클레오파트라는 52세의 카이사르와 정치적인 의도로 연인 관계를 맺어 카이사리온Caesarion이라는 사내아이를 낳는다. 그런데 기원전 44년, 독재권을 휘두르던 카이사르가 암살되자, 클레오파트라는 혼자서는 더 이상 안정적인 지배를 할 수 없다 판단하고, 아들과 함께 이집트로 돌아간다. 그리고 공동 통치자이자 눈엣가시였던 남동생을 살해하고 아들 카이사리온을 공동 통치자로 세운다.

카이사르가 죽자 로마에서는 그의 후계자들이 제2차 삼두정치를 조직했다. 클레오파트라는 제2차 삼두정치의 일익을 맡은 안토니우스Antonius를 만나러 친히 행차하였다가 이번엔 그의 마음을 사로잡아 세 명의 아이를 낳는다.

안토니우스는 클레오파트라에게 로마의 영토를 나눠주며 동지중해의 공통 통치를 계획했지만, 기원전 31년 악티움 해전에

레지널드 아서의 작품 〈클레오파트라의 죽음〉(부분)
코브라에 물려 숨이 끊어지기 직전의 클레오파트라

서 옥타비아누스(훗날 초대 로마 황제 아우구스투스)에게 패한다. 안토니우스가 스스로 목숨을 끊자 클레오파트라도 코브라에 스스로 물려 죽음을 택한다. 이윽고 이집트는 로마에 병합되었다.

클레오파트라는 새롭게 등장한 거대한 로마로부터 프톨레마이오스 왕조를 지키려고 애썼지만 실패로 끝나고 마지막 파라오가 된다. 남겨진 조각상에서도 알 수 있듯이 클레오파트라는 결코 미인이 아니다. 얼굴이 아닌 우아한 몸짓, 화술, 어휘력, 의상, 성격, 젊음 등 여러 가지 매력으로 카이사르와 안토니우스를 사로잡았을 것이다.

17세기 프랑스 철학자 파스칼은 《팡세》에서 "클레오파트라의 코가 조금만 낮았더라면 세계 역사는 달라졌을 것이다"라는 글을 남겼는데, 이는 사소한 것이 중요한 사건에 영향을 미친다는 비유적인 뜻으로 쓰인 말이다.

파스칼은 클레오파트라가 어떻게 생겼는지 모른다. 그의 단순한 추측이 클레오파트라를 만나 보지도 못한 사람들 사이에서 클레오파트라 미인설이 퍼지게 된 것이다. 카이사르와 안토니우스를 사로잡았으니 클레오파트라는 틀림없이 미인이었을 것이라 추측했을 따름이다.

어느 역사가의 고뇌가 '로마의 평화'를 만들었다

기원전 1세기 말 로마 제정 초기 아우구스투스 황제부터 2세기 말 마르쿠스 아우렐리우스 황제의 통치에 이르는 약 2세기 동안은 황제가 뛰어난 인물을 양자로 맞아 왕위를 물려주는 등 쿠데타처럼 큰 정치적 사건이 없었던 시대다.

그래서 네르바, 트라야누스, 하드리아누스, 안토니우스 피우스, 마르쿠스 아우렐리우스, 이 다섯 황제가 통치한 오현제 시대를 로마 제국의 최전성기라고 일컫는다. 그런데 정말로 그랬을까?

팍스 로마나를 선전한 역사가
에드워드 기번

이 시대에는 그리스 평화의 여신 에이레네Eirene(로마에서는 팍스)의 제례가 도입되면서 동전에도 팍스가 새겨졌다고 한다. 그러나 '로마의 평화'라는 말은 그로부터 한참 후인 18세기에 영국 역사가 에드워드 기번Edward Gibbon이 생각해낸 것이다.

기번은 《로마제국쇠망사The History of the Decline and Fall of the Roman Empire》에서 오현제 시대를 '인류 역사상 가장 행복했던 시대'라고 강조하면서 라틴어로 '팍스 로마나Pax Romana(로마의 평화)'라는 신조어를 선전했다. 이후 '팍스 로마나'는 하나의 독립적인 단어가 되었다.

팍스는 패권의 동의어가 되었고, 그 후 팍스 이슬라미카(이슬람의 평화), 팍스 몽골리카(몽골의 평화), 팍스 브리태니카(영국의 평화), 팍스 아메리카나(미국의 평화)와 같은 말들이 차례차례 생겨났다. '팍스 로마나'라는 말이 역사가들에게 아주 많이 쓰이는 단어가 된 것이다. 그렇다면 오현제 시대는 정말로 기번의 말대로 행복했던 시대였을까?

오현제 시대는 로마군의 지중해 주변 정복 전쟁이 끝나고 국경의 보안이 철저히 유지되는 평화로운 시기로 알려져 있다. 하지만 로마 중앙에서만 충돌이 없었을 뿐 동방과 게르만 세계, 브리튼 섬에서는 전투가 끊이질 않았다.

수도 로마에서는 양극화가 큰 문제였으므로 실직한 옛 병사를 먹여 살리기 위해서는 거액의 돈이 필요했다. 그래서 로마의 권력자는 속주를 강탈해 가난한 무산 시민에게 빵(식량)과 서커스(오락)를 제공하고 그들의 불만을 가까스로 잠재웠다.

저서 《게르마니아Germania》와 《연대기Annales》로 잘 알려진 역사가 타키투스Publius Cornelius Tacitus는 오현제 시대에 집정관과 아시아 총독을 지낸 정치가로서 로마 사회를 한눈에 꿰뚫고 있었다. 그는 로마의 평화를 다음과 같이 말했다.

"로마인들은 거짓된 이름으로 파괴와 살육을 저지르는 것을
지배라 하고, 폐허로 만들어 인기를 끄는 것을 평화라고 부른다.
옛날에는 범죄에 시달렸지만 지금은 법률로 고통받는다."

그는 제국 주변 속주민의 생활 파괴와 법률에 따른 무자비한 통제를 지적했다. 이미 도시 로마에도 큰 경제 격차가 존재했지만, 속주민의 생활은 그보다 훨씬 심각한 지경에 처해 있었다.

인구 100만 명이 넘는 제국의 수도 로마에서는 군사 정복 시대가 끝났기에 옛 군사들에게 일자리가 주어지지 않는 상황이

계속되고 있었다. 그렇기 때문에 속주민을 수탈하는 것 외에는 달리 방법이 없었다. 더욱이 상인들의 세금에 의한 수탈까지 더해지면서 속주민의 삶은 타키투스의 지적처럼 비참하기 이를 데 없었다.

팍스(평화)는 로마의 특수 계층의 사람들에게만 해당되는 것이었다. 사실상 로마 주변은 무너지고 있었다고 보는 편이 타당하다.

chapter 7

아랍 유목민을 겨냥한 거짓말, '한 손에는 코란, 다른 한 손에는 칼'

대정복 운동 = 종교 전쟁이라는 오해

이슬람 제국은 시리아를 중심으로 한 전기 우마이야 왕조
(661~750년)와 후기 아바스 왕조(750~1258년)로 구분된다. 하지만
전기와 후기 왕조의 성격은 전혀 다르다.

전기의 우마이야 왕조는 사산 왕조와 비잔틴 제국(페르시아 제
국과 로마 제국)으로 이루어진 세계 질서를 무너뜨린 아랍 유목민
의 정복 왕조고, 후기 아바스 왕조는 이슬람교로 통합된 종교와
교역을 중심으로 한 왕조였다. 전기 왕조와 후기 왕조 사이에는
'아바스 혁명'이라는 커다란 사회 변화가 끼어 있다.

다시 말해 이슬람 제국은 유목민에 의한 구질서의 '파괴'와 이
슬람교에 의한 여러 민족의 통합에 따른 '창조', 이 두 단계로 이

우마이야 왕조와 아바스 왕조의 비교

	우마이야 왕조		아바스 왕조
성격	아랍 제국…아랍인의 이민족 차별 (조세의 특권 향유)		이슬람 제국…전 이슬람교도 조세 평등화
세제	아랍인 = 자카트(구빈세)만 부담 인두세(지즈야), 토지세(하라즈) 면제	**이슬람 교도의 세제 평등 실현**	아랍인 = 토지를 소유한 자는 자카트와 하라즈 부담
	아랍인에 대한 불만 이민족 개종자 = 지즈야, 하라즈 납입		이민족 개종자 = 하라즈만 납입
	비이슬람 종교 = 지즈야, 하라즈 납입		비이슬람교도 = 지즈야, 하라즈 납입
중앙 집권	• 칼리프 세습화(정통 칼리프 시대의 선거 제를 바꿈) • 아랍어 공용화 • 화폐 통제		• 칼리프 신격화(신의 대리자로서 전제적 군림) • 관료제 정비(칼리프 → 재상 → 관료·군인, 아랍인 등용)

루어져 있다.

아랍 유목민의 정복 활동은 대정복 운동이라 불리며 세계 3대 정복 가운데 하나로 꼽힌다. 아라비아 반도의 유목민은 사산 왕조를 멸망시키고 비잔틴 제국으로부터 이집트와 시리아, 지중해 교역권을 빼앗아 이슬람의 패권을 구축했다.

이 시기에 아라비아 반도의 뜨겁게 타오르는 사막 주변에서 130만 명의 유목민이 북쪽 농업 지대로 이주했다. 부를 찾아 민족의 이동이 시작된 것이다.

무함마드Muhammad가 이슬람교를 창시하기 전에는 아랍 유목민이 200여 명의 작은 부족으로 나뉘어 있어서 대규모 정복 활동을 벌일 힘이 없었다. 그러나 이슬람교라는 종교의 역할은 대단했다. 여러 부족을 끈끈하게 이어주는 접착제 역할을 톡톡히 한 것이다.

그러나 무함마드가 20년에 걸쳐 만들어낸 교단 움마는 400명 정도로 구성된 지역 교단에 지나지 않았고 교단 자체도 그리 대단한 규모는 아니었다. 아랍 유목민 부족과 교단 사이에 있었던 상호작용의 변화가 중요한 역할을 했던 듯하다.

그럼 이제 본론으로 들어가 보자. 일반 개론서는 아랍 유목민의 원정이 '코란인가, 칼인가(이슬람교로 개종할 것인가, 죽음을 택할 것인가)', '한 손에는 코란, 다른 한 손에는 칼'이라는 구호 아래 행해진 참혹한 종교전쟁으로 취급한다. 하지만 이러한 관점은 도시 주민의 정복에 대한 공포심에서 비롯된 오해와 상상, 편견에서 비롯된 것이지 역사적 사실과는 거리가 멀었다.

유목민의 정복 전쟁은 단순히 농경민을 지배하고 농경 사회에 기생하며 살아가기 위한 것이었다. 그런 유목민이 스스로 자기 밥줄을 끊어버린다는 것은 있을 수 없는 일이다. 피정복민은 토지세와 인두세人頭稅만 부담하면 생명과 재산은 물론 신앙의 자유까지 보장받았다.

교단이 자주 지적한 바에 따르면, 교단 주변에 있던 유목민이 꼭 이슬람교 신자였던 것은 아니다.

중요한 것은, 공납

아랍 유목민의 정복 활동의 원동력은 이슬람교의 '지하드Jihad' 라는 관념이다. 원래 지하드는 요즘 신문에 등장하는 것처럼 이 교도들과 벌이는 그런 종교전쟁을 의미하지 않았다.

무함마드는 메디나에서 '스스로를 정화하기 위한 정신적 투쟁' 을 지하드(아랍어로 '노력'이라는 의미)라고 설명했다. 본래 지하드는 분노와 자만 같은 부정적 감정을 이겨내기 위한 노력을 의미했 다. 하지만 그 노력이 확대 해석되면서 특정 목표를 향해 노력하 는 것, 나아가 외부 공격으로부터 교단을 보호하는 활동을 가리 키게 되었다.

그러나 지하드의 중심은 어디까지나 종교적·정신적 노력이었 다. 정복 활동에서의 지하드는 순수한 헌신 행위이자 천국으로 들어가는 문 중 하나로 여겨졌다. 원정 도중 목숨을 잃은 자는 순 교자로 칭송받고 천국에서도 특별한 대우를 받으리라고 생각되 었다.

이슬람교도의 군대가 아라비아 반도 밖으로 진출하자, 지하드 는 이슬람 교단의 세계 지배를 지향하는 보편적·영속적 성격의 행동으로 간주되기도 했다.

지하드의 대상이 된 이민족은 이슬람 신앙을 받아들일지, 아니면 이슬람 지배층에 지즈야 등의 세금을 내고 그들의 보호를 받을지 등 점점 팽창하는 교단과 어떤 관계를 맺을지 정해야 했다.

그러므로 대정복 운동을 말할 때, 무조건 종교전쟁의 측면만 강조하는 것은 지나치게 침략성을 강조하는 것으로 잘못된 해석이다. 유목민들의 목표는 단지 농경 사회와 함께하는 것이었으므로 '코란인가, 공납인가, 칼인가'가 그 실체에 가깝다고 할 수 있다. '공납'이라는 경제 단어가 빠지면 종교전쟁으로 치달을 수 있으니 각별히 유의할 필요가 있다.

우마이야 왕조는 경제적으로 부유했던 시리아를 지배한 대부족 우마이야 가문이 유력 부족과 결합한 아랍 유목민의 부족 연합이었다. 우마이야 가문은 칼리프(무함마드의 후계자)를 세습하는 형태로 교단에 올라탔다.

chapter 8

현실주의자 남송의 재상,
매국노의 대명사가 되다

금나라 신하가 된 남송의 굴욕

중국 동북부 만주에 살던 퉁구스계 여진족은 10세기 이후 키타이라고 불리던 몽골계 거란족의 지배를 받았지만, 12세기 초 송나라와 손잡고 요나라를 공격한다. 여진족은 1125년 송나라와 함께 요나라를 멸망시키고, 1127년에는 동맹국이었던 송나라의 도읍 카이펑에 쳐들어간다. 그리고 8대 황제 휘종과 9대 황제 흠종을 비롯한 3,000명의 고관들을 포로로 잡아 동북부로 끌고 가 화북 지역을 빼앗는다(정강의 변).

초원 유목민과 달리, 만주 삼림지대에서 발원한 여진족의 금나라는 남하하여 중국을 정복했다. 유목민과 농경민을 철저히 구분하여 지배했다.

항저우 악왕묘岳州岳王廟에 있는 진회(右)와 진회 부인(左)의 동상
과거에는 이 동상에 침을 뱉는 관습이 있었다.

정강의 변, 당시 어사중승 진회秦檜도 부인과 함께 끌려갔다. 이후 가까스로 몸을 피했던 흠종의 동생 강왕康王이 남경에서 즉위하여 송나라를 다시 일으켰는데, 그것이 바로 남송이다.

남송의 수도 임안은 오늘날 항저우에 해당한다. 항저우의 명승지 시후의 호숫가에는 악비 장군의 묘가 있다. 악비 장군은 북쪽 금나라에 강력히 항전해야 한다고 주장한 군인이었는데, 진회가 그의 목숨을 앗아갔다. 지금도 악비의 묘 바깥쪽에 친 좁은 철창 안에는 무릎을 꿇고 포승줄에 묶인 진회와 진회 부인의 동상이 있다.

그 두 개의 동상은 글을 읽을 수 없는 대중을 위한 본보기로 오랫동안 사용되었다. 예전에는 무릎 꿇은 진회의 동상에 침을 뱉는 관습이 있었다. 악비는 송대 이후 반복된 외부 민족의 침입 시대에 맞선 민족 자긍심의 상징으로 여겨졌다. 한편 관리나 지식인은 자신들의 무능함에 대중들의 공격이 날아들지 않도록 민족의 배신자 진회에 대한 대중의 증오심을 부추겼다.

민족의 적이 된 진회

앞서 말했듯이 1127년 여진족의 금나라가 수도 카이펑을 점령하고 두 황제를 고관들과 함께 동북으로 데려가 송나라를 멸망시켰다. 이에 어쩔 수 없이 황제의 동생이 남으로 도망쳐 수도를 임안으로 옮기고 남송을 세웠다. 남송이 성립된 이후부터는 금나라와의 군사적 충돌이 반복적으로 일어났다.

그때 금나라와의 화친을 설파한 인물이 1130년 부인과 함께 금으로부터 도망쳐 돌아온 진회다. 기적적으로 살아 돌아온 진회는 수많은 사람들에게서 '금나라가 보낸 첩자가 아닐까' 하는 의심을 받는다. 진회는 몰래 도망쳤다고 주장했지만 사람들의

남송과 금

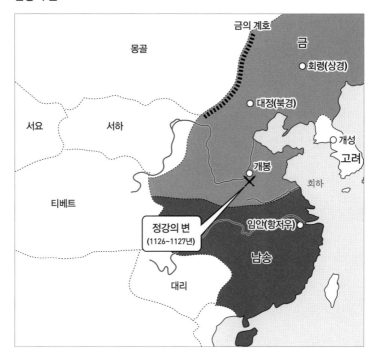

불신은 사라지지 않았다. 유능했던 진회는 평화를 원했던 황제의 신임을 얻어 이윽고 재상 자리에 오르게 된다.

당시 금나라와 송나라는 누가 보아도 군사력의 차이가 확연했기 때문에, 진회가 무모한 전쟁을 피해 왕조를 존속시키고자 했던 것은 지극히 현실적인 판단이었다. 하지만 대중의 정서적 반발은 아주 극심했다. 정치는 이처럼 어려운 것이다.

'금과 싸우자!'는 주장은 용감하고 멋지지만, 현실주의자인 진회가 보기에 무모하게 전쟁을 일으켰다가는 파멸로 끝날 것이 분명했다. 하지만 현실을 제대로 파악하지 못한 민중은 무조건 싸울 것을 요구했다.

황제의 신임으로 군벌 악비 세력에게서 군사 지휘권을 빼앗은 진회는 역모를 꾀했다는 구실로 주전파의 수장 악비를 처형한다. 그리고 1142년 금나라와 화친을 맺고 화이허강을 경계로 북쪽 땅을 금나라에 넘겼다. 게다가 금나라를 '주군', 송나라(남송)를 '신하'로 삼는 조약을 맺고 해마다 막대한 양의 공물을 금나라에 바치기로 약속하고 나라를 존속시켰다.

한마디로 오랜 중화 민족의 자긍심을 버리고 북쪽 오랑캐에게 종속되는 길을 택한 것이다. 이에 남송의 백성과 지식인들은 모두 극심한 수치심을 느꼈다. 이윽고 그 분노의 화살은 모두 진회에게 돌아갔다. 진회가 오랑캐에게 아양을 떨어 평화를 샀다는 것이다. 이후 그는 '매국노'이자 '민족의 적'으로 멸시받게 된다.

주자학에 '존왕양이'를 넣은 이유

국제정치는 역학 관계에 따라 결정된다. 그러니 나라의 안녕을 유지하기 위해 진회도 어쩔 수 없는 선택이었을 것이다. 하지만 현실주의를 용납할 수 없었던 전통 유학자와 일반 대중들은 그런 진회를 '민족의 적, 배신자'라고 손가락질했다.

진회는 금나라의 압력을 이용하여 '공포정치'를 펴며 치안 확립과 질서 유지에 앞장섰기 때문에 평판이 몹시 안 좋았다. 현재까지도 중국에서는 진회를 업신여기고 있다. 금나라와 싸워봤자 이길 승산이 전혀 없는데도 현실을 읽지 못하는 유학자와 민중은 진회의 현실주의적 태도를 도저히 이해하지 못했다.

진회보다 40세 어린 남송의 관료 주희는 불교의 영향을 받아 '리理', '기氣'의 이원론을 주축으로 주자학을 창시하여 유교의 한 획을 그었다. 주희는 '만물은 기에 의해 만들어지고, 리에 의해 전체 질서가 정립된다'라는 이기이원론을 바탕으로 우주에서 윤리 및 도덕에 이르는 방대한 학문 체계를 만들어냈다.

존왕양이尊王攘夷를 중시한 주희는 진회를 "나라를 잘못된 길로 인도하고, 사람이 마땅히 지켜야 할 도리를 어긴 죄인"이라고 비난했다. 이념에 빠지면 현실은 안 보이기 마련이다.

일본 역사가의 대부분은 진회를 현실주의 정치가로 평가한다.

그러나 중화사상의 틀 안에서만 만물을 생각하는 중국에서는 학자, 서민 할 것 없이 모두가 무조건 악비 편이다. 대중의 정서에 호소하는 포퓰리스트 쪽이 역시 대중을 사로잡는 걸까?

중국인에게 뿌리박힌 선민의식

진회는 왜 그렇게까지 중국인들에게 미움을 샀던 걸까? 그 이유는 중국인의 민족적 자존심에 흠집을 냈기 때문이다. 다른 지역에도 유대교, 그리스도교, 이슬람교 같은 선민사상이 있지만, 예로부터 중국인의 선민의식은 차원이 다를 정도로 강력하다. 오죽하면 스스로를 중국(세계의 중심), 중화(번성과 영화의 중심)라고 내세우며 그 왕조를 '천조天朝(거룩하고 하늘과 같은 왕조)'라고 했겠는가.

게다가 중국인들은 그들의 방식을 따르지 않는 자를 야만인(오랑캐)이라고 여겼다. 주변 민족을 북족北狄, 남만南蠻, 동이東夷, 서융西戎이라 한 것에서도 알 수 있듯이 중국인들은 주변국 사람들을 인간으로 취급하지 않았다. 오직 중국만이 절대적이라고 생각했다. 그러한 절대적 틀이 역전되어 여진족이 주군, 남송이 신하로 취급되었으니, 중국인은 강한 굴욕감을 느낀 것이다. 그

것이 곧 진회가 손가락질당하는 이유였다.

하지만 그런 중국이라도 시대의 기세를 꺾진 못했다. 이후 몽골족의 원나라와 여진족의 청나라에 중화 땅을 지배당하게 된다. 그런데도 중국인들은 이민족이 중국의 덕을 흠모해서 그런 거라며 자신들의 틀 안으로 집어넣었다. 이민족이라도 중국의 문화와 풍습을 받아들이면 그들도 중국인이 될 수 있다고 여긴 것이다. 이민족이 지배한 원나라와 청나라가 모두 중화제국으로 취급받고 있는 이유도 그 때문이다.

그러나 금나라와 남송의 관계는 금이 주군, 남송이 신하라는 상하 관계에 기초하기 때문에 중국인에게는 매우 충격적인 사건이었다. 그리하여 진회를 그토록 미워하게 된 것이다.

chapter 9

십자군과 페스트가 낳은
유대인 박해도 거짓투성이

종교적 열병에 걸린 그리스도교

십자군이란 중세 서유럽 가톨릭 국가가 성지 예루살렘을 이슬람 국가로부터 탈환하기 위해 파견한 군대를 말한다. 11세기 십자군의 종교적 열망이 타오르기 시작하면서 유대인에 대한 그리스도교 사회의 반감도 심해졌다. 그리스도교도들은 이슬람교도와의 싸움에 목숨과 재산을 바쳤는데, 유대인은 상인을 조종해서 병사를 수송하고 이익만 취하려 한다는 생각에 유대인에 대한 악감정이 끓어오른 것이다.

하지만 애당초 유대인은 토지 소유가 금지되어 있어 농사를 지을 수도, 상공업에 종사할 수도 없었다. 따라서 대부업체나 행상, 기예로 벌어 먹고사는 일 외에는 다른 일자리를 구할 수 없었다. 유대인으로서는 금융에 손을 대는 것 말고는 달리 방법이 없었던 것이다. 일부 영주가 그들의 경제적 수완과 기술, 연결망을 이용해 궁정에 유대인을 둔 것도 대중의 원망을 샀다.

불만이 쌓일 대로 쌓인 대중들은 이윽고 유대인이 그리스도를 죽이려 한다는 가짜뉴스를 뿌려 박해의 표적으로 삼는다. 생각처럼 진전이 없었던 십자군 운동은 유대인 박해에 더욱 불을 붙였다. 13세기 북이탈리아 여러 도시에서 사람들이 할렐루야를 외치며 거리를 행진하는 할렐루야 운동이 들불처럼 퍼져나갔다. 당시 유럽 사회는 종교적 열병에 걸린 상태였다.

이러한 분위기 속에서 장소 불문하고 유대인 습격이 벌어지기 시작했다. 영국에서는 1189년 리처드 1세(사자심왕) 즉위식 때 폭동이 일어나 런던의 유대인 주거지가 약탈당했으며 유대인들이 마구잡이로 살해되었다. 이윽고 폭동은 전국으로 확산되었다.

유대인과 이슬람교도가 공존했던 이베리아 반도에서도 교황의 압력으로 반유대적 규제가 엄격해지고, 프랑스 십자군의 영향으로 13세기부터 유대인들은 더욱 무자비한 공격을 받게 된다.

1179년 제3차 라테란 공의회는 유대교도가 알비주아파 운동에 가담했다고 의심하며 유대교도와 그리스도교가 함께 사는 것을 금지한다. 이는 유대인이 강제 이주해야 했던 거주 지구 '게토' 건설로 이어졌다.

더욱이 1215년 제4차 라테란 공의회에서는 유대인에 대한 차별로 배지를 달게 하는 반유대인 정책이 승인된다. 소수였던 유대인은 다수 그리스도교도의 사회적 불만의 배출구가 되었다.

이 일에 선동된 대중의 유대인에 대한 증오와 차별 감정까지 더해지면서, 백년전쟁(1337~1453년) 동안 사회가 파괴된 영국과 프랑스, 독일에서까지 유대인에 대한 폭력과 학살이 퍼져나갔다.

유대인들이 페스트 독을 우물에 풀었다는 거짓말

그러한 가운데 중국 원난 지방의 풍토병인 페스트(흑사병)가 말 벼룩을 매개로 몽골 제국과 함께 흑해에 흘러들었다. 킵차크 칸국군은 1347년에 이탈리아인의 식민지 카파(현 크림 반도의 도시 페오도시야)를 공격했을 때, 자신들의 군대에 페스트가 유행하자 투석기로 시체를 카파에 던져넣었다. 이 일로 카파의 온 마을이 페스트로 오염되고 범선을 통해 이집트, 북아프리카, 이탈리아 반도까지 퍼져나간다.

그 결과 페스트가 유럽에 빠르게 퍼져나가며 수많은 사람을 사망에 이르게 했다. 일례로 페스트가 유행하기 전인 1338년에는 피렌체 인구가 11만 명이었는데, 페스트가 확산된 1351년에

〈뉘른베르크 연대기〉 목판 삽화(15세기)
1338년에 발생한 유대인 학살 현장에서 유대인이 산 채로 화형에 처해지는 모습을 그려내고 있다.

는 인구가 4만 5,000명으로 크게 줄었다. 유럽 전체로 따지면 인구 3분의 1이 페스트로 인해 사라진 셈이다. 페스트의 공포는 코로나19보다 훨씬 더 무시무시했다.

정체 모를 재앙에 겁먹은 대중들 사이에서는 유대인이 우물에 독을 풀었다는 악성 루머가 나돌면서 많은 지역에서 유대인들이 학살당했다. 무라카미 요이치로가 저술한 《페스트 대유행》에는 독일의 빌레펠트라는 작은 마을의 상황이 다음과 같이 기록되어 있다.

"마을 사람들은 범인으로 지목된 유대인을
처형하는 사형 집행자에 너도나도 지원했다.
유대인 사냥이 시작되고 게토는 불길에 휩싸였다.
아무것도 모르는 유대인들은 형장과 길모퉁이에서
정식으로 혹은 비공식적으로 죽어 나갔다.
그렇게 처형당한 시신은 차례차례 포도주 통에 담겨
라인강 바닥에 가라앉았다."

또한 유대인들이 반그리스도 작전을 위해 이베리아 반도의 톨레도에 비밀기지를 만들고 그곳에서 독약을 대량으로 만든다는 둥, 페스트 전파를 위해 각지의 유대인에게 비밀 지령을 전달한다는 둥, 온갖 가짜뉴스가 아무렇지 않게 확산되었다는 이야기도 전하고 있다.

페스트가 퍼지던 시절에는 대중이 너무 순진했던 나머지 가짜뉴스를 검증도 하지 않고 그대로 믿고 행동에 옮기던 시대였다. 거기다 지도자들은 강한 공동체적·종교적 의식에 발이 묶여 사태를 제대로 수습하지 못했다. 그래서 대중들이 쏟아내는 불만의 화살을 돌리고 공동체 결속을 강화하고자 유대인에 대한 반감을 이용하고 자신들은 교묘히 빠져나갔다.

chapter 10

십자군이 지어낸
그리스도교 강대국

이슬람 세력 배후에 그리스도교 강대국이 있다?

11세기는 유목 터키인들이 눈부시게 활약하던 시대다. 아바스 왕조에서는 국제무역의 발달에 따른 빈부 격차가 확대되면서 가난한 시아파의 봉기가 자주 일어났다. 이를 두고 고민하던 수니파 칼리프는 소그드 상인으로부터 터키인 맘루크(군사 노예)를 매수해 근위병을 조직하고 대중 중심의 시아파 세력에 맞섰다. 큰 공을 세운 맘루크는 노예에서 해방되고 부와 명예를 손에 넣었다. 맘루크의 활약으로 이슬람 사회에서 유목 터키인들의 영향력은 차츰 커져갔다.

그런 가운데 황무지와 사막 지대에 살던 터키 부족들이 이슬람 세계로 이동하는 움직임이 나타났다. 터키계 셀주크족 주위에 모인 여러 집단과 토그릴 베그가 거느리는 여러 부족이 이슬람으로 개종하고 아바스 왕조의 영토로 진출한 것이다.

1055년 셀주크족은 아바스 왕조 칼리프의 요청을 받아들여 수도 바그다드를 함락시키고 칼리프 편을 든 부와이 왕조를 공격해 아바스 왕조로부터 실권을 빼앗았다. 그 후 아바스 왕조는 아랍인 칼리프가 종교 지배권을 장악하고 터키인 군사 지도자가 술탄으로서 정치 지배권을 갖게 된다.

이때 중앙아시아에서 다수의 유목 터키인이 이슬람 세계로 세력을 뻗어나갔다. 이웃 비잔틴 제국에서도 유목 터키인이 동쪽 산악지대에서 카파도키아에 걸쳐 진출했다. 나라가 망할 위기에 처한 비잔틴 제국은 교황 우르바누스 2세에게 구원군 파견을 요청할 수밖에 없었다.

이에 교황 우르바누스 2세는 서쪽의 가톨릭, 동쪽의 정교회로 분열된 그리스도교 세계를 통합할 좋은 기회라 여기고, 1095년 클레르몽 회의를 열어 터키인들에게 점령된 예루살렘 되찾기를 요구한다. 당시 서유럽에 세계의 중심이자 신의 세계로 들어가는 길목인 예루살렘은 잘 알려져 있었지만, 비잔틴 제국은 아무도 알지 못했다.

교황은 1096년 성지 예루살렘으로 무장 순례 십자군을 파견했다(1096~1270년). 이는 우르바누스 2세의 '성지 탈환'이라는 큰

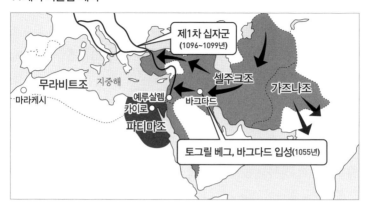

11세기 이슬람 세력

그림의 시작이었다.

제1차 십자군은 1099년에 잔혹하고 무참한 살육으로 예루살렘을 빼앗고 예루살렘 왕국을 수립한다. 하지만 그것도 잠시 군사적 힘이 더 막강했던 이슬람 세력에 다시 예루살렘을 빼앗기면서 상황은 이슬람 쪽으로 유리하게 흘러간다. 원정은 별다른 성과 없이 겉돌기만 했기에 그리스도교 세계는 점점 더 초조해졌다.

그러한 상황이 계속되는 가운데, 1165년경 비잔틴 제국(동로마 제국)의 황제 마누엘 콤네노스Manuel Komnenos 앞으로 프레스터 존(성 요한)이 보낸 기이한 서신 한 통이 도착한다. 그 내용은 이슬람 세력의 배후에 72개 왕국을 거느린 그리스도교 국가가 있는데

머지않아 성지에 군대를 보낼 터이니 이슬람 세력과 맞서 싸우라는 것이었다.

이 서한의 존재를 알게 된 교황 알렉산데르 3세Alexander III는 프레스터 존에게 답장했지만 아무런 반응이 없었다. 그도 그럴 것이 이는 가짜 서신이었기 때문이다. 그러나 그리스도교도들은 프레스터 존의 나라에 큰 기대를 품고 반드시 존재하리라는 믿음 하나로 계속해서 탐색에 나선다.

이윽고 몽골 제국이 성립되자 교황과 프랑스 왕은 몽골고원으로 수도사를 보내 몽골 제국이 프레스터 존의 나라인지 아닌지를 조사하게 했다. 그러나 몽골은 프레스틴 존의 나라가 아니었다.

교황이 파견한 수도사 플라노 카르피니Giovanni de Plano Carpini가 몽골 제국의 귀위크 칸Güyüg Qan에게 교황의 친서를 전달하자, 칸은 다음과 같이 아주 터무니없는 내용으로 답했다.

"해가 뜨는 곳에서 지는 곳까지 모두 짐의 땅이니라.
그대들은 이제 우리의 신하가 되었도다.
너희의 힘을 내게 바친다고 말하라."

그리하여 중앙아시아에 프레스터 존의 국가가 있다는 정보는 허무하게도 가짜뉴스로 밝혀지며 일단락되었다.

엔리케 항해 왕자, 프레스터 존을 찾아서

그러나 유럽인들은 프레스터 존의 나라에 대한 희망을 끝내 저버리지 못했다. 프레스터 존의 나라를 찾아 헤매다 마침내 아프리카 내륙부가 그들이 찾던 곳이라고 결론짓게 된다. 그리스도교가 많았던 에티오피아를 프레스터 존의 나라로 여긴 것이다.

프레스터 존의 나라가 아프리카 내륙부에 있다는 새로운 소식을 듣고 기대에 부푼 인물은 포르투갈 주앙 1세의 셋째 아들 엔리케 항해 왕자Infante Dom Henrique였다.

당시 포르투갈은 식량을 자급자족하지 못했기 때문에, 이슬람교도가 지배하는 비옥한 땅 모로코를 빼앗으려는 계획을 세운다. 국민 모두 합심하여 아프리카 북안의 세우타를 공략하지만 결국 실패한다. 이후 엔리케는 아프리카 서안을 탐험하며 어떻게든 프레스터 존의 나라를 찾아내 이슬람 세력으로부터 모로코를 빼앗으려고 안간힘을 쓴다.

엔리케 항해 왕자는 포르투갈 남부 사그레스 곶에 조선소와 관

프레스터 존의 나라를 찾아 나선
엔리케 항해 왕자

측소, 선원 양성 학교를 세우고 프레스터 존의 나라를 찾기 위해 아프리카 서안의 항로 개발을 추진했다. 그러다 사하라 사막을 넘어 시에라리온에 이르러 뜻밖의 황금무역과 노예무역으로 이익을 얻게 된다. 엔리케는 1460년 66세의 나이로 세상을 떠났다.

엔리케가 죽고 아프리카 서안 항해는 세금 납부를 조건으로 하여 리스본 대상인에게 위탁되었다. 그 후 또다시 콩고의 내륙에 프레스터 존의 나라가 실재한다는 정보가 입수된다.

바르톨로메우 디아스Bartolomeu Diaz는 그 정보를 직접 확인하고자 '울부짖는 40도'라는 편서풍이 휘몰아치는 해역을 탐험하다 폭풍에 휩쓸린다. 그러다 우연히 아프리카 최남단의 곳을 발견하는데 그곳이 바로 희망봉이다. 그 곳을 넘은 포르투갈인 바스쿠 다 가마Vasco da Gama는 인도에 다다르고 후추의 도시 코지코드에 도착한다.

프레스터 존의 나라라는 가짜뉴스가 엉뚱하게도 대서양과 인도양을 하나로 묶었다. 프레스터 존에 대한 거짓 정보가 대항해시대를 여는 커다란 힘이 된 셈이다.

눈과 얼음으로 뒤덮인 땅을 '초록섬'이라고 속인 바이킹

10세기는 혹한의 북해와 발트해에서 활약하는 바이킹의 눈부신 발전기였다. 스웨덴계 바이킹은 빙하의 침식으로 형성된 러시아 평원을 종횡무진으로 누비며, 발트해와 중앙아시아 카스피해를 잇는 물길을 이용했다. 그리고 숲속의 검은담비와 여우, 다람쥐 등의 모피를 이슬람 세계에 파는 대규모 모피 무역을 시작했다. 그들은 바닥이 얕은 배를 이용하여 모피를 운반했으므로 배를 짓는 사람이라는 뜻의 '루시'라 불렸다. 루시는 러시아의 어원이 되었다.

한편 노르웨이계 바이킹은 북해와 대서양에서 활약했다. 그들은 해적으로 800년에서 1050년에 이르는 250여 년 동안 서유럽

연안 지대를 침략했다.

그러던 어느 날 붉은 머리 에리크Erik라는 자가 최초로 아이슬란드를 발견하게 된다. 그런데 그 섬을 정직하게 '얼음섬'이라고 이름 붙이는 바람에 좀처럼 그곳에서 살고 싶어 하는 사람이 나타나지 않았다.

982년 방목한 소의 소유권을 둘러싸고 살인을 저지른 에리크는 3년 동안 국외로 추방당하게 되는데, 그는 그때 북극해에 위치한 세계에서 가장 큰 섬을 탐험한다. 그곳이야말로 완전히 얼음과 눈으로 뒤덮인 섬이었는데 에리크는 이 섬에 초록섬이라는 뜻의 '그린란드Greenland'라는 거짓 이름을 붙인다. 앞서 얼음섬을 정직하게 아이슬란드로 불렀다가 정착민들이 모이지 않아 애를 먹었기 때문이다.

에리크는 그린란드 식민단을 조직하고 섬의 남동부를 거점으로 10년에 걸쳐 정착지를 확대했다. 그 후 그의 아들 에릭손Eriksson이 대서양을 가로질러 캐나다 북동부에 이르러 포도의 땅 빈란드라는 거점을 구축한다. 그런데 아이슬란드에서 너무 먼 곳이라 나중에는 버려진다.

그린란드는 약 400년 동안 정착촌으로 유지되고, 1010년경에는 바이킹의 대규모 식민 사업도 행해진다. 하지만 대항해 시대가 시작된 15세기가 되자 거리상 너무 멀고 점점 추워지는 바람에 끝내 그린란드를 포기하게 된다. 거짓말로 발전시킨 땅이지만 결국 혹독한 기후 때문에 초록섬이 아니라는 진실이 허무하게 탄로 나버렸다. 그렇지만 콜럼버스가 대서양을 횡단하기도 전에, 바이킹이 먼저 대서양을 횡단했다는 사실은 정말 놀라운 일이다.

현재는 그때와 정반대로 지구 온난화가 진행되면서 덴마크의 땅 그린란드가 뜻밖의 수혜를 입게 되었다. 지구 온난화로 북극해가 아시아, 유럽, 미국과 연결되면서 거대한 내해內海로 바뀌어 오늘날 경제적·전략적으로 그린란드의 위상이 높아진 것이다. 2019년 미국 대통령과 덴마크 총리가 그린란드를 놓고 팔아라, 안 된다, 하며 서로 옥신각신하기도 했다.

chapter 11

문명을 꽃피운 중국 상인,
어쩌다 왜구가 되었을까

원나라의 갑작스런 붕괴가 불러온 혼란과 왜구

1368년에 건국된 명나라는 유라시아의 드넓은 영토를 통합한 몽골 제국이 붕괴하고 성립된 폐쇄적인 농업 국가였다.

명나라를 세운 주원장朱元璋은 원나라의 호풍胡風(오랑캐의 풍속)을 없애겠다는 뜻에서 해금海禁(민간 상인의 대외무역 금지), 대선大船의 건조 금지, 조공 무역 부활, 군대를 통한 외국 무역 단속을 국가의 기본 정책으로 삼아 나라를 굳게 걸어 잠갔다. 유라시아를 넘나드는 몽골 제국의 세계화에 맞서기 위해서는 전통적인 방식으로 돌아가는 길밖에는 다른 선택지가 없었던 것이다.

명나라는 이슬람 제국 시대부터 몽골 제국 시대에 걸쳐 꾸준한 성장을 이어온 아시아 무역 연결망에서 명나라만 따로 떼어

내 폐쇄적인 왕조로 바꿨다.

원나라 시대에는 중국 장난의 쌀을 주곡으로 삼고 있었다. 그래서 곡창지대인 장난 항저우에서 톈진, 백하, 통혜하라는 운하를 지나 배를 통해 대량의 쌀을 수도 대도(북경)로 들여왔다.

그런데 1351년 허난성에서 일어난 홍건적의 난과 장난 군웅들의 봉기로 돌연 원나라가 무너지고 몽골인들은 몽골고원으로 퇴각한다. 이로써 더 이상 제국의 수도가 아니게 된 대도는 빠르게 쇠퇴했다. 급작스러운 정치 변화는 대도로 들어오던 곡물 대량 수송 체제도 무너뜨렸다.

당시 곡물 수송과 하역을 담당하던 이들은 동중국해, 황해, 보하이해의 연해민이었다. 갑자기 생계 수단을 잃어버린 그들은 식량과 노예를 구하기 위해 고려와 명나라의 연안을 휘젓고 다녔다. 그것이 14세기를 중심으로 활동한 '전기 왜구'이다. 같은 시기 고려도 몹시 혼란스러운 상황이었고, 일본도 가마쿠라 막부의 붕괴로 규슈 연해의 질서가 무너졌다. 그 때문에 약탈이 자주 발생했다.

1392년 이성계가 조선 왕조를 수립하고 아시카가 요시미쓰가 남북조를 통일하여 질서 회복을 이루면서 전기 왜구의 활동도 잠잠해졌다.

전기 왜구는 사실 꽤 오랫동안 당연히 일본인이라고 여겨졌다. 하지만 최근 들어서는 '일본인과 같은 옷을 입고 일본어로 이야기하는 마지널맨Marginal Man(경계인) 같은 노동 집단이 곡물 수송을 했던 것은 아닐까' 하는 추측이 나오고 있다. 말하자면 바닷가에 사는 백성들로 이루어진 직업 집단인 셈이다.

참고로 '왜구'의 구寇는 '침공하다, 해를 가하다'라는 의미다. 즉 왜구란 야만적인 왜인의 침공이라는 뜻에서 정치적 시각이 다분히 담겨 있는 말이다. 하지만 실제로는 그저 함께 일하던 해민 집단이 식량난에 허덕이다 못해 약탈을 한 것이므로 정치적 관점에서 보는 것은 무리가 있다.

명나라 밀무역 상인은 어째서 왜구를 사칭하였는가

15세기 후반에서 16세기에 다시 왜구가 활동하긴 하지만, 그 활동 범위가 전기 왜구와는 확연히 달랐다. 전기 왜구는 동중국해, 황해, 보하이래 연안으로 확산되었으나, 후기 왜구는 장난의 장강 삼각주, 타이완, 필리핀, 광둥 방면으로 뻗어나갔다. 후기 왜구는 이와미 은광에서 채굴되는 대량의 은 덕분에 마닐라 갤리온 무역(멕시코의 아카풀코항과 필리핀의 마닐라를 연결하는 스페인의 은 무역), 포르투갈 무역과 밀접한 관계를 맺었다.

명의 외교 정책

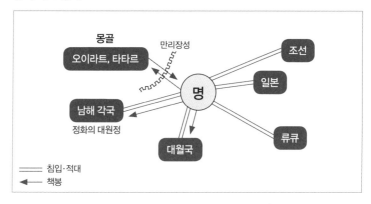

은산국인 일본은 생명주실과 면포를 만들지 못해 명나라에 의존했다. 스페인도 신대륙에서 나온 은의 3분의 1을 동아시아로 운반하여 중국의 비단 제품, 도자기와 맞바꾸길 원했다. 그런데 이러한 동아시아의 경제 급성장에 찬물을 끼얹는 것이 있었다. 바로 명나라의 해금 정책이다. 세상의 변화를 널리 바라보지 못하고 막강한 권력으로 무조건 억압하려고만 했던 명나라의 해금 정책은, 대항해 시대의 아시아 상업 확대를 막지 못하고 결국 북로남왜(북쪽 몽골인의 침입과 남쪽 왜인의 침략)의 국난으로 무너지고 말았다.

명나라의 폐쇄 정책이 빚어낸 역경인 셈이다. 대항해 시대라는 커다란 시대 흐름을 무시하고 군사력에만 집착한 것은 처음부터 말도 안 되는 일이었다.

이 시기 저장, 푸젠, 광둥 등 연해부의 권력자 향신鄕紳이 후원자가 되어 자금을 내고 왕직王直 등을 중심으로 명나라의 밀무역 집단이 형성되었다. 그들은 자신들을 왜구로 사칭해 연해부에 혼란을 일으키며 이를 이용해 밀무역을 이어나갔다.

타이완 해협을 사이에 두고 필리핀과 접한 푸젠에서는 무역 상인들이 신대륙으로 들어오는 값싼 은을 구하기 위해 마닐라로 출항했다. 또 광둥의 밀무역 상인들은 동남아시아의 항구에서 일본과 포르투갈 등의 상인과도 거래를 넓혀갔다.

16세기 명나라는 기세등등해진 몽골인들을 제압하기 위해 지금도 그 웅장함을 자랑하는 만리장성을 건설하느라 온 힘을 쏟는 바람에 연해부의 해군을 증강하고 상인들의 밀무역을 단속할 여력이 없었다. 명나라 역사서에 왜구의 80~90%가 중국 상인이었다고 기록되어 있듯 해상 경제는 널리 뻗어나가고 있었다.

중국인 밀무역 상인들이 자신들을 왜인이라 속인 것은 가족이나 일가가 명나라 조정에 탄압받는 것을 막기 위함이었다. 왜구라고 둘러대면 집안에 해가 될 염려가 없었기 때문이다. 단속하는 쪽에서도 왜구들을 돌려보낼 수는 있어도 포박하지는 못했다. 즉 왜구를 이용하는 것은 양쪽 모두에게 이득이었다.

간단히 정리하면, 16세기 유럽이 동아시아로 진출한 대항해 시대에는 은 교역이 활발했다. 하지만 해금 정책 탓에 밀무역을 할 수밖에 없었던 명나라 상인들은 왜구를 사칭하며 대규모로 국제 상업 활동을 벌였다.

왜구를 교묘히 이용하여 침략적 일본의 이미지를 만들다

앞에서 말했듯 왜구(일본인의 침략)를 현재까지 이어진 일련의 사건 즉, '후기 왜구 → 임진왜란 → 메이지유신 이후 일본의 군국화 → 청일전쟁 → 중일전쟁'과 같은 식으로 보는 바람에 침략적 일본이라는 이미지가 더 강해진 것이다.

가짜뉴스에 진실은 필요하지 않다. 요컨대 원하는 이미지만 만들어내면 그것으로 목표는 달성된 셈이다. 중화사상을 기초로 왜구를 통한 부정적 이미지 조작은 일본인에 대한 중국인의 경계심을 높이고 민족적 대립 감정을 부추기는 데 매우 효과적이었다. 하지만 이런 식의 방법은 일본과 주변국이 역사를 객관적으로 인식하지 못하게 하고, 사이를 틀어지게 만드는 주역이라고 생각한다. 왜구라는 말은 일본을 향한 주변국을 선동하는 역할만 끊임없이 해왔을 뿐이다.

1931년 만주사변 이후 중국에서는 일본의 침략적 이미지에 맞춘 왜구 연구에 열을 올리며 왜구의 잔인함을 강조하고 흉악한 일본군이라는 이미지를 형성하기 위한 국방 의식을 키워왔다. 왜구와의 싸움(밀무역 상인 탄압)에서 큰 공을 세운 장군 척계광 戚継光은 농민과 농민 출신 광부로 이루어진 의용군을 조직하여 국가를 위기에서 구한 나라의 영웅으로 선전되었다. 경제를 성장시켰고 부득이 밀무역에 종사할 수밖에 없었던 상인은 아무리 시대를 거스르는 국법이라 해도 법을 어긴 것은 사실이니까 악이라는 논법이다. 중국의 역사 교과서도 척계광이 조직한 농민군이 왜구를 몰아내는 데 공헌한 사실만 영예롭게 여기며 강렬한 국가주의를 내비칠 뿐이다.

거기에는 해금 정책 때문에 힘들어 했던 연해부의 상인, 무거운 조세로 삶의 터전을 잃은 대다수 유랑민, 명나라가 푸젠의 월항 등 항구를 마닐라와의 무역항으로 개방해 밀무역 상인과 타협한 사실, 수입된 은으로 명나라가 행한 일조편법이라는 조세법, 이런 내용에 대해서는 언급조차 하지 않는다.

다시 말해 중국에는 명나라의 해금 정책을 무조건 긍정하고 명나라의 봉건 체제를 옹호하며 상인들의 고투는 모조리 부정하는 역사관이 자리 잡혀 있다.

냉전 시대의 마침표를 찍은 1990년대 이후 중국에서 장쩌민이 사회주의 교육 대신 애국주의 교육을 제기하고, 일본 군국주의와 싸워 중국을 해방시켰다는 중국 공산당 신화를 대중에게 대대적으로 선전했다. 심지어 이는 시진핑 시대까지 이어져 오고 있다.

정화의 대함대는
천명을 증명하는 데 이용되었다

명나라 제3대 황제 영락제永樂帝는 제2대 황제 건문제建文帝를 무력으로 몰아내고 제위를 빼앗았다(정난의 변). 그 때문에 영락제는 유학자인 관료들에게 천명을 받은 황제로 인정받지 못했다. 중국에서는 덕망 있는 인물이 하늘의 선택을 받아 제위에 오른다고 여겼으므로 황제 자리를 빼앗는 것은 결코 있을 수 없는 일이었다.

한 예로 건문제를 섬기던 고명한 유학자 방효유方孝孺는 영락제의 즉위 조서를 기초하라고 명받았는데, 그 명을 거부하고 '연적燕賊(영락제)이 위位를 찬탈했다'라고 작성했다. 이 일로 방효유를 비롯하여 그의 일가친척과 그와 연관된 문인들까지 모두 873

명에 달하는 사람이 무참히 살해되었다.

이러한 기류 때문에 영락제는 벼슬아치들을 멀리하고 환관들을 중용할 수밖에 없었다. 영락제는 역사책에서 제2대 황제를 지워버렸다.

영락제는 수많은 환관에게 의지했다. 그중에서도 2만 7,000여 명의 대함대를 이끌고 일곱 차례(영락제 제위 중 여섯 차례)에 걸쳐 인도양으로 항해한 정화鄭和라는 자가 가장 유명하다. 그의 항해는 경제적으로는 별 소득이 없는 원정이었다. 정화는 함대로 동아프리카의 희귀 동물인 기린을 운반하거나 인도양 주변 지역에서 사절을 실어 나르는 역할을 했다.

그렇다면 왜 영락제는 정화에게 그런 일들을 시켰던 걸까? 그것으로 영락제가 천명을 받았다는 사실을 증명하기 위해서였다. 사절들이 일부러 먼 땅에서 명나라까지 찾아온다는 것은 이미 황제의 덕이 만천하에 알려져 있다는 사실을 의미했다. 영락제는 이를 이용해서 자신의 최대 약점인 지배의 정당성을 증명하고자 했던 것이다.

정화가 동아프리카에서 싣고 온 기린은 다시 난징에서 베이징까지 화려한 행렬과 함께 운반되었다. 당시 기린은 중국 신화에 등장하는 영물로 왕이 천하를 덕으로 다스릴 때 나타난다고 알려져 있었다.

그리고 영락제는 종종 친히 군대를 이끌고 고비사막을 건너 몽골고원으로 원정을 나섰는데, 이때 최대한 몽골군과 맞닥뜨리지 않게 피해 다녔다. 이 원정은 '몽골고원이 명나라 땅'이라고 선전하기 위한 것에 지나지 않았다. 하지만 백성들은 '다섯 번 사막에 오르고 세 번 노정虜庭을 일궜다(이민족을 토벌하는 일을 일컫는 말로 그들의 국토를 업신여긴 까닭에 뜰에 비유하였다_옮긴이)'라며 영락제가 친히 진군한 것을 칭송했다.

영락제는 기력이 쇠했는데도 자신이 천자天子임을 증명해 보이기 위한 일을 멈출 수가 없었던 듯하다. 병환을 무릅쓰고 5차 원정에 나선 그는 끝내 몽골에서 숨을 거두고 만다. 그에게는 위엄 있는 황제의 체면이 죽는 날까지 필요했던 것이다.

chapter 12

국민 영웅에서 흡혈귀가 돼버린
드라큘라의 비애

흡혈귀 드라큘라는 왈라키아의 왕이었다

1897년 아일랜드 작가 브램 스토커의 소설 《드라큘라》는 순식간에 베스트셀러에 오르며 이 이야기를 바탕으로 한 영화도 수없이 제작되었다. 그래서 드라큘라는 흡혈귀의 대명사가 되고 말았다.

이야기의 줄거리는 루마니아의 트란실바니아 지방에 드라큘라 백작이 살았는데, 그가 죽은 후에도 살아 있는 인간의 싱싱한 피를 빨아 먹으며 근근이 살아가다가 인간의 피를 찾기 위해 런던으로 간다는 내용이다. 그는 불그스름한 눈에 커다란 송곳니가 있는 기괴한 모습으로 그려졌다. 그러나 실제 드라큘라는 이와는 전혀 다른 모습이다. 루마니아에서는 오스만 제국의 침략에 맞서 싸운 위대한 영웅이자 정치가로 칭송받고 있다.

현재 루마니아 남부의 왈라키아는 1370년 오스만 제국과 처음 충돌한 이후 100년 동안 침략과 전쟁이 끊이질 않았다. 왈라키아 공국의 왕 블라드 체페슈Vlad Tepes(드라큘라)는 1431년에 태어났다. 1431년은 터키군이 최초로 트란실바니아에 침입했을 때로, 신성로마 제국의 황제가 드라큘라의 아버지를 터키군과 싸우는 용의 기사로 서임한 해였다. 드라큘라라는 이름은 그의 아버지가 용(드라클)으로 불렸기 때문인데, 드라클에는 악마라는 뜻도 있다. 그 점도 드라큘라 전설을 만들어낼 때 이용되었다.

드라큘라는 11세에 오스만 제국의 인질이 되었다. 터키에서 5년 동안 지내면서 오스만 제국의 군사 훈련을 받으며 터키어를 습득했다. 훗날 왈라키아로 돌아온 드라큘라는 진격해오는 터키군에 심리전을 이용하여 야간 기습 작전을 거듭 펼쳤다. 그리고 포로로 잡은 군사들을 꼬챙이에 꿰어 잔혹하게 살해하며 철저하게 응징했다. 그 때문에 일명 블라드 꼬챙이 공公으로 통하며 터키인들의 두려움을 샀다.

통나무 막대기의 끝을 뾰족하게 깎아 인간의 몸통을 꼬챙이에 꿰는 형벌이었다. 하지만 이 형벌은 드라큘라가 유독 잔인해서가 아니라 중세 유럽에서는 일반적으로 행해지는 처형 방식이었다.

헝가리 왕이 루머를 퍼뜨린 이유

드라큘라는 45세에 암살당할 때까지 한결같이 터키군의 침략에 맞서 싸웠다. 그는 우선 지역 전체를 불태운 다음, 그 틈을 타 적진을 습격하여 맹공격을 퍼붓는 루마니아의 전통적 전술을 구사했다. 특히 1462년 6월, 왈라키아의 수도를 점령한 오스만 제국의 술탄 군대를 쉬지 않고 습격하는 방법으로 괴롭힌 끝에 마침내 격퇴한 일화가 유명하다.

그 일로 블라드 꼬챙이 공의 이름은 전 유럽에 알려지게 되었다. 하지만 동료의 배신으로 드라큘라는 흡혈귀 전설의 근원이 된 피에 굶주린 독재자가 되고 만다.

드라큘라에게 흡혈귀라는 오명을 씌운 자는 정의왕이라는 별명을 가진 중세 헝가리의 전성기를 이끌었던 마차시 1세Matyas I였다. 그는 동맹 관계였던 드라큘라를 잡아 가뒀다. 그리고 기존의 반오스만 십자군 체결을 파기할 구실로 삼기 위해 드라큘라의 잔혹성을 루머로 퍼뜨린다.

강대한 오스만 제국과 싸우고 싶지 않았던 마차시 1세는 자신을 보호하기 위해 드라큘라를 잔혹한 독재자로 꾸며내고 선전했다. 즉 자신은 더 이상 과격하고 잔인무도한 드라큘라와는 동맹할 수 없음을 정당화하기 위함이었다.

블라드 공이 형을 집행할 때 쓰던 꼬챙이를 그린 그림
이 형벌은 드라큘라가 유독 잔인해서가 아니라 중세 유럽에서는 일반적으로
행해지는 처형 방식이었다.

　자기를 보호할 속셈으로 악성 루머를 퍼뜨리는 것은 원래 흔
히 있는 일이었다. 비록 루머라 할지라도 흥미진진한 이야기였
으므로 훗날 아일랜드 소설가가 이 이야기를 소재로 드라큘라를
흡혈귀로 만든 것이다.

　예로부터 마차시 1세처럼 타인을 짓밟고 자신을 두둔하는 것
은 지배자가 취하는 흔한 수법이다. 마차시 1세는 끝까지 오스만
제국의 팽창 정책을 모른 체하고 이에 저항하지 않았다. 말하자

면 기회주의적인 태도로 적절히 타협한 셈이다.

　루마니아 사람들도 그 사실을 잘 알고 있었다. 때문에 그런 터무니없는 이야기에 현혹되지 않고 오스만 제국과 과감히 싸운 드라큘라를 영웅으로 평가하는 것이다.

러시아가 제3의
로마 제국이라는 거짓말

　1453년 비잔틴 제국은 오스만 제국에 의해 수도 콘스탄티노플이 함락당하면서 멸망했다. 이로써 러시아는 동쪽 최강의 그리스 정교국이 되었다. 그전까지는 황제 단 한 사람이 지배하는 비잔틴 제국이 절대적 존재였는데 말이다.

　변방인 러시아가 신흥 세력으로서 스스로 권위를 부여할 수 있는 둘도 없는 기회였으므로 절대 놓칠 수 없었다. 몽골인의 계속된 지배하에서도 그리스정교를 러시아의 국교로 지켜냈기에 더욱 그래야만 했다.

　그렇게 킵차크 칸국의 지배에서 벗어난 모스크바 공국(1340~1547년)의 군주는 발 빠르게 움직였다. 이반 3세Ivan III가 자신을 비잔틴 제국의 후계자라고 주장하기 시작했다.

사실 비잔틴 제국은 그리스인, 오스만 제국은 터키인, 러시아는 슬라브인으로 이루어져 있었기에 민족성은 완전히 달랐다. 하지만 그런 건 크게 문제 되지 않았다. 어떻게든 기정사실로 만들기만 하면 그것으로 충분했다.

이반 3세는 비잔틴 제국 마지막 황제의 조카딸 소피아와 결혼해 관계를 강화하면서 아들 이반 4세를 차르(황제)라고 칭한다. 슬라브어 차르는 라틴어 카이사르에서 유래했다.

즉 이반 3세는 모스크바 대공국을 로마 제국과 비잔틴 제국의 이념을 계승하는 '제3의 로마 제국'으로 정당화하고자 했다. 그래서 비잔틴 황제의 조카딸과 결혼하여 멸망한 비잔틴 제국과 러시아를 연결시키고, 그리스정교회 측도 로마 교황과의 대립 속에서 모스크바 대공국과 결탁했다.

원래 로마 제국에서는 원로파가 독재자 카이사르를 공화정의 적으로 암살한 후, 카이사르파에 의해 조직된 제2차 삼두정치가 원로원과 맞서는 가운데 옥타비아누스가 새로운 독재자로 초대 황제가 되었다.

이러한 이유로 그 후 지배의 계보를 나타내는 카이사르가 황제의 칭호로 추가되었다. 그리하여 주변국 지배자는 권위를 얻고자 자신을 로마 제국 황제의 후계자라며 스스로 카이사르라고

이반 3세가 개축한 우스펜스키 대성당

칭하게 되었다. 독일 신성로마 제국의 카이저, 러시아 제국의 차르 등이 이에 해당한다.

제1의 로마 제국 이후 제2의 로마 제국(콘스탄티노플을 수도로 하는 비잔틴 제국)이 들어섰지만 멸망했다. 이에 이반은 이제 모스크바가 그 뒤를 이을 수밖에 없다는 논법으로 러시아가 제3의 로마 제국이라고 주장했다.

제3의 로마 제국 거점으로서 이반 3세는 이탈리아 건축가를 초빙하여 크렘린을 르네상스풍으로 개조했다. 그리고 역대 황제의 대관식을 거행했던 우스펜스키 대성당 등 3대 성당을 건축하고 러시아가 제3의 로마 제국이라는 것을 기정사실화하며, 스스로 로마 제국의 후계자 자리에 앉게 된 것이다.

chapter 13

종교개혁 시대에 왜 지식인은 마녀사냥을 부추겼을까

중세보다 르네상스 시대에 더욱 심했던 마녀사냥

마녀사냥이란 악마에게 영혼을 팔아서 얻은 마력으로 사회에 해악을 끼치는 인간을 처형하는 행위를 일컫는다. 미신이 지배했던 중세 유럽에서는 인간의 이해를 넘어선 재앙을 모두 '마녀의 소행'으로 간주했고, 마녀로 지목된 사람은 안타깝게도 화형에 처해졌다. 참으로 잔혹한 일이 아닐 수 없다.

특히 당시 지식으로는 도저히 이해할 수 없는 흑사병이 창궐했을 때, 사람들은 죽음의 공포에서 벗어나고자 수많은 목숨을 재물로 삼았다.

그런 까닭으로 '마녀사냥은 중세 사건'이라는 인상이 강하지만, 사실 마녀사냥이 최고조에 달했던 시기는 유럽이 미신으로 가득했던 중세에서 근세로 전환되는 르네상스기, 즉 종교개혁 시대였다.

이 시기 교황 인노켄티우스 3세가 '교황권은 태양, 황제권은 달'이라고 말했으나, 이미 신의 대리인인 교황의 절대적 지배체제는 붕괴되고 있었다. 종교개혁 시대에는 가톨릭과 프로테스탄트가 대립하면서 상대에게 서로 마녀라는 오명을 씌우며 잔혹한 살생을 일삼았다.

게다가 가톨릭 측은 종교재판을 구실로 이단자들을 마녀로 내몰아 처형했다. 한 예로 1484년에 도미니코 수도원의 성직자 크라머가 '마녀사냥을 허가해줄 것'을 요청한 일이 있었는데, 이에 교황 인노켄티우스 8세는 교서에서 다음과 같이 밝혔다.

"최근, 북독일과 라인 지방에서 무수한 남녀가
가톨릭 신앙에 반하여(마녀가 되어) 온갖 흑마술로
논밭의 작물과 과일을 말려 죽이고, 태아와 가축의 새끼를 죽여,
인간과 가축에게 질병과 고통을 주며, 남편을 성불구자로 만들고,
아내를 불임시키는 악행으로 수많은 민중을 어지럽히는
재앙의 원흉이 되고 있음을 내 귀 여겨 듣고 있노라."

그 밖에도 프로테스탄트의 수장 마르틴 루터도 "마녀의 짓은

곧 악마의 짓이기 때문에 인정을 베풀어서는 안 된다. 마녀는 죽여 마땅하다"며 마녀사냥을 부추겼다.

서로 다른 존재를 허용하지 않으려는 편협하고 완고한 신앙심이 낳은 끔찍한 불행이었다. 16~17세기 유럽에서는 가톨릭과 프로테스탄트가 대규모 학살을 자행하였는데, 이 시기 30만~50만 명의 사람이 마녀라는 꼬리표를 달고 살해당했으리라 추산된다. 또 독일 농민 전쟁, 네덜란드 독립전쟁, 프랑스 위그노 전쟁, 영국 청교도 혁명, 독일 30년 전쟁과 같은 비극이 끊이질 않았다. 이러한 끔찍한 세태에서 벗어나기 위해서는 서로가 이질적인 존재임을 받아들여만 했다.

위그노 전쟁을 종전시킨 프랑스 왕 앙리 4세는 1598년 '사람은 신앙에 의해 차별받지 아니한다'라는 낭트 칙령을 공포함으로써, 서로 관용을 베풀어 공존하는 사회의 시발점을 마련하였다.

증오나 혐오 같은 악감정을 없애고 서로를 인정하며 편안하게 살자는 의미로, 사상과 신조의 자유를 중심으로 한 인권 사상이 싹트는 계기가 되었다. 종교전쟁이 막을 내린 17세기 말에 이르러서야 드디어 마녀사냥의 기세도 한풀 꺾이게 된다.

스페인에서 유대교도가 갑자기 배제된 이유

그리스도교도들은 이슬람교도에게 점령당한 이베리아 반도를 탈환하기 위한 국토회복 운동 레콩키스타를 벌인다. 유대인의 군자금으로 진행되던 가운데, 아라곤의 왕과 카스티야의 여왕이 결혼하면서 가톨릭을 국교로 삼은 스페인 왕국이 탄생하였다.

콜럼버스가 아시아로 항해를 나선 1492년에 마지막 거점인 그라나다를 함락하고 이베리아 반도에서 이슬람 세력을 완전히 몰아낸다. 그러자 스페인에서는 그때까지 재정을 뒷받침했던 유대교도들을 배제하고, 순수 가톨릭 국가를 건설하려는 움직임을 보인다. 이단 심문과 연동하여 이단들을 뿌리 뽑으려는 속셈이었던 것이다. 마녀사냥처럼 과격하지는 않았지만, 이단 배제라는 점에서는 마녀사냥과 하나도 다를 것이 없었다.

그러다 같은 해인 1492년 스페인 왕은 유대인 추방 명령을 내리기에 이른다. 지위와 재산이 있는 유대인은 그리스도교로 개종해 스페인에 남았지만, 대다수 유대인은 그들의 경제 활동을 인정하는 오스만 제국으로 이주했고, 일부 유대인들은 포르투갈로 달아나거나 네덜란드 등 유럽 각지로 흩어졌다.

포르투갈에서도 이단 심문이 자행되면서, 스페인에서 추방 명

령이 있은 지 40년 후인 1536년, 유대인들은 포르투갈에서마저
도 쫓겨나게 된다. 일부 유대인들은 네덜란드를 비롯한 유럽 각
지로 스며들어 폭넓게 자본주의를 형성했다. 또 일부는 대서양
주변으로 이주해 설탕 재배에 관여했다.

성녀 잔 다르크는
어쩌다 마녀가 되었을까?

백년전쟁은 잉글랜드를 지배하던 플랜태저넷 왕조(잉글랜드 왕국)와 랭커스터 왕조(프랑스 왕국)라는 프랑스인 두 왕가의 싸움이었다. 전쟁이 발발한 이유는 카페 왕가를 이을 직계 자손의 단절이었으나, 실제로는 보르도를 중심으로 한 포도주 생산지인 귀엔과 모직물 생산지인 플랑드르 지방을 차지하기 위한 두 왕가의 이권 다툼이었다.

전쟁은 흑사병의 창궐로 휴전을 거듭하며 백년 넘게 이어졌다. 1429년 신의 계시를 받았다는 소녀 잔 다르크Jeanne d'Arc가 오를레앙에 포위되어 있던 프랑스 샤를 황태자를 찾아가 군에 가담하고, 이후 프랑스군이 포위를 뚫고 연전연승으로 전세를 역전시킨다. 이로써 황태자 샤를은 랭스에서 대관식을 올리고, 잔 다르크는 신이 내린 '성녀'로 격상된다. 하지만 그 후, 잔 다르크는 적대 세력과의 전쟁에서 포로가 되어 영국군에게 팔아넘겨진다.

당시의 관습대로라면 프랑스 측에서 몸값만 지불하면 잔을 다시 데려올 수 있었으나, 그렇게 하지 않았다. 샤를은 잔이 사망하고 수십 년이 흐른 뒤에야 그의 명예를 회복하는 길을 택한다. 잔의 명성이 두터워지는 게 두려웠던 것이다.

영국은 루앙에서 종교재판(이단 심문)을 열어 잔을 파문한 뒤, 1431년에 잔 다르크를 '마녀'로 몰아세워 화형에 처한다. 성녀로서 병사들에게 추앙받던 잔은 겨우 2년 만에 형장의 이슬로 사라졌다. 종교의 시대였기에 상징적 인물에 대한 평가는 그들의 정당성을 주장하는 데 매우 중요했던 것이다.

1455년, 프랑스는 교황의 승인을 거쳐 잔 다르크의 복권 재판을 연다. 이로써 잔은 사후 25년 만에 '순교자'라는 이름으로 명예를 되찾는다.

chapter 14

대항해 시대의 문을 연
황금섬 지팡구

지팡구 전설을 진짜로 믿은 콜럼버스

　대항해 시대는 미지의 바다였던 대서양과 신대륙을 개척하는
세계 역사상 아주 굉장한 대사건이었다. 새로운 세계의 문을 여
는 일이었으므로 말도 통하지 않는 사람들과 어림짐작으로 소통
해야 했다. 그러다 보니 오해와 착각 속에서 신화와 문화, 풍속,
제도 따위가 엉뚱한 해석으로 전해지고 황당무계한 지명이 생겨
나게 되었다.
　이를테면 유카탄 반도는 현지어로 '네가 무슨 말을 하는지 모
르겠다'라는 뜻의 'Yuk ak katan(유카탄)'에서 유래되었고, 캐나다
는 현지어로 '취락, 마을'이라는 뜻이었다.
　대항해 시대는 몽골 제국 이후로도 쭉 계속되는데 이러한 움

직임에는 나름의 이유가 있었다. 몽골 제국의 존재를 이용해 이탈리아 상인들이 유라시아와 교역하며 그때까지 미지의 세계로 통했던 중국의 경제 사정을 유럽에 알림으로써 상인들의 호기심을 자극하고자 한 것이다.

특히 새로운 운명을 개척하려는 상인들이 주목한 것은 마르코 폴로의 《동방견문록The Travels Of Marco Polo》에 등장하는 황금섬 '지팡구'에 관한 정보였다. 콜럼버스가 지팡구를 목표로 스페인의 팔로스항을 출발해 대서양을 횡단하고 신대륙에 다다른 것은 이미 잘 알려진 일화다. 그런데 영국의 헨리 7세를 섬긴 제노바의 항해사 존 캐벗도 황금섬을 목표로 1496년에 영국의 브리스톨항을 출항했다.

오스만 제국이 가로막고 있어 중국으로 가는 육로가 차단된 가운데, 대서양 저편 항해사의 마음을 사로잡은 그 황금섬의 존재는 과연 무엇이었을까?

이야기는 나라奈良의 대불大佛 건립에서부터 시작된다. 나라에서는 거룩하고 장엄한 대불을 도금하기 위해 황금이 필요하던 차에 무쓰국에서 어마어마한 금이 발견되었다. 황금은 그 후에도 수도로 보내져 견당사 체재비로 쓰였다. 그러다가 왜국(일본)에 황금이 풍부하다는 소문이 퍼져나가며 와쿠와쿠(왜국이라는 의미)라는 이름으로 아바스 왕조에 알려진다.

송나라 시대 이르러서는 송일 무역이 활발히 이루어졌다. 그런데 오슈 후지와라가 히라이즈미에 세운 곤지키 당이 황금으로 칠을 한 건물이라는 과장된 소문이 퍼져나간다. 그 이야기가 마침 그곳에 있던 무슬림 상인의 귀에 들어가면서 마르코 폴로가 알게 된 것이다.

그의 《동방견문록》에는 지팡구가 중국 앞바다에 있는 4,000개의 섬 중 가장 큰 섬이며, 그곳 사람들은 금을 돌멩이 보듯 한다고 기록되어 있다. 지팡구의 황금 궁전에 대해서는 다음과 같이 묘사하고 있다.

> "이 나라는 지천이 황금이라 모든 백성이
> 엄청난 황금을 소유하고 있다. …
> 이 나라 국왕의 모든 궁전도 그야말로 온통 순금투성이다. …
> 무수한 각 방의 마루도 손가락 두 개를
> 합친 두께의 순금으로 깔려 있다."

또 《동방견문록》에는 쿠빌라이 칸Kublai Khan이 황금을 손에 넣으려다가 폭풍우가 몰아치는 바람에 실패했다고도 적혀 있다. 세계사는 때로 그럴듯한 가짜뉴스로 움직인다. 기업가였던 콜럼버스는 지팡구의 존재를 진짜라고 믿었고 피렌체의 노수학자 토

지리학자 이드리시가 1154년에 제작한 세계지도
지도 위가 남쪽을 향하고 있고 남쪽 전체에서 동쪽을 아프리카 대륙이 덮는다. 지도의
왼쪽 끝인 아프리카 대륙 동쪽 끝에 금덩이가 박힌 산이 있고, 와쿠와쿠라고 쓰여 있다.

스카넬리Toscanelli가 책상 위에 그린 세계지도도 진짜라고 철석같이 믿었다. 그래서 중국으로 가기 위해 대서양을 횡단하여 카리브해에 닿게 된 것이다. 대서양은 동서가 좁은 바다라 횡단이 그리 어렵지는 않았다. 바다 건너에는 무엇이 있는지 알 수 없는 그야말로 미지의 신대륙이었다.

콜럼버스는 지팡구를 찾아서 카리브해의 섬들을 돌다가 아이티를 지팡구라고 착각한다. 그 섬에서 황금 장신구로 치장한 수장으로부터 섬 중앙부의 시바오에 황금이 있다고 전해 들었기 때문이다.

아이티를 지팡구라고 확신한 콜럼버스는 그와 함께한 아라곤의 재무관 산탄헬을 통해 "폐하께서 저를 조금만 도와주신다면, 저는 폐하께서 필요하신 만큼의 돈을 바칠 수 있습니다. 부디 헤아려주시리라 생각합니다"라는 서신을 전한다.

그 서신이 인쇄되어 유럽으로 퍼져나가면서 대서양 끝에 있는 중국과 황금섬 지팡구로 가는 항로가 발견되었다는 소식이 전해졌고, 유럽 세계는 경이로움에 휩싸였다.

코르테스는 전설을 이용해 지배에 정당성을 부여했다

1519년부터 1521년에 걸쳐 스페인의 정복자 코르테스Hernán Cortés는 550명의 병사와 144문의 대포, 16마리의 말을 끌고 멕시코 고원의 아스테카 제국을 공격했다. 불을 내뿜는 대포, 당시에는 멸종해 아메리카 대륙에서 사라지고 없던 말, 스페인 사람들이 몰고 온 천연두의 유행은 아스테카인에게 공포 그 자체였다.

하지만 정복을 수월하게 한 것은 따로 있었다. 그것은 바로 스페인인이 아스테카 제국의 전설을 이용하여 퍼뜨린 가짜뉴스였다.

당시 아스테카 제국에는 신과의 싸움에서 패배하고 제국을 떠났던 케찰코아틀(날개가 돋은 뱀이라는 뜻)이 '1갈대의 해年'에 다시 돌아온다는 전설이 있었다. 하얀 피부의 케찰코아틀은 농경의 신이자 인류에게 불을 가져다 준 문화의 신이었다. 때마침 코르테스 일행이 아스테카 제국에 들어간 해가 1갈대의 해였으므로 그것을 이용하지 않을 수 없었다. 코르테스는 케찰코아틀인 척 위장했다. 가짜뉴스를 이용하여 사람들의 마음을 조종하기 위함이었다.

코르테스는 하얀 피부, 대포, 말 등으로 자신들이 돌아온 신 케찰코아틀이라고 설파하며 정복의 정당성을 납득시킨다. 아스테카인들은 신화적 사고의 틀에서 코르테스 일행을 이해할 수밖에 없었고, 마침내 피부가 하얗고 이상한 모습의 그 무리를 진짜 케찰코아틀이라 믿게 되었다.

스페인 진출에 박차를 가하게 한 엘도라도

오늘날 콜롬비아의 수도 보고타 북쪽 57킬로미터 지점에 있
는 호수 부근에는 당시 이런 소문이 파다했다.

> "그곳은 황금이 너무나 풍부해서 수장이 날마다
> 온몸에 금가루를 바르고 밤마다 그것을 떨어뜨린다.
> 한 해에 한 번 제례 때가 되면 많은 황금 그릇을
> 호수에 가라앉힌다."

이런 소문이 스페인 사람들 사이에 나돌자, 그 지역에는 보석
과 황금이 넘쳐난다는 유언비어가 퍼지기 시작했다. 그것이 엘
도라도(황금 가루를 칠한 사람이라는 뜻, 황금향으로 불리기도 한다) 전설
이다. 참고로 현재의 보고타 국제공항은 엘도라도 공항이라는
이름이 붙여져 있다.

고지대인 아스테카 제국과 잉카 제국이 발견되면서 스페인에
서는 제2차 정복의 물결이 일었고 두 제국은 스페인 사람이 몰고
온 천연두의 펜데믹으로 큰 타격을 입었다. 그로 인해 한 세기 동
안 원주민 인구가 10분의 1로 줄어들었다. 그 후 더 이상 많은 부
를 얻을 수 없게 된 스페인의 콩키스타도르는 엘도라도의 소문

에 희망을 품을 수밖에 없었다. 이윽고 아마존 오지에 엘도라도 가 있다는 전설이 퍼지기 시작했다.

전설에는 여러 지역의 루머들이 덧붙여졌고 콩키스타도르는 욕심에 사로잡혀 열대우림과 동부의 고원 지대로 침입했다. 그들은 단기간에 스페인 본국의 35배나 되는 면적의 남아메리카를 정복했다.

1540년 페루 총독의 명령으로 안데스 산맥 너머에 있다는 소문을 따라 엘도라도를 찾아 나선 탐험대는 아마존강을 타고 가다 인디오와 마주쳐 싸움을 벌였다. 그때 전사들 틈에 여성이 섞여 있었기에, 고대 스키타이 여전사 아마존의 전설에 착안하여 그 강을 아마존강이라고 이름 붙였다고 한다.

엘도라도 전설은 이후 300년 동안이나 그 맥을 이어간다. 18세기 후반까지 세계지도에 실존하는 땅으로 그려졌기 때문이다.

대서양과 태평양을 잇는 아니안 해협의 진실

영국과 프랑스가 경쟁하듯 북아메리카에 진출한 이유 중 하나는 대륙을 가로질러 대서양과 태평양을 잇는 북서 항로가 존재한다는 소문 때문이었다.

이 소문은 16세기에 아메리카 대륙이 하나의 육지가 아니라 커다란 섬들이 모여 이루어진 것이라고 여긴 데서 비롯되었다. 캘리포니아 반도는 18세기까지 아메리카 대륙의 일부가 아닌, 하나의 거대한 섬이라고 믿었던 것이 바로 그 예다.

북아메리카를 횡단하는 그 북서 항로는 아니안 해협이라는 좀 애매한 이름을 가진 곳이었다. 아니안 해협은 마르코 폴로의 《동방견문록》에 등장하는 지명을 따서 이름 붙였다. 아니안은 원래 중국 원남 지방의 안인阿寧이라는 곳에서 유래되었는데, 바다와는 아무런 관계가 없는 지명이었기 때문에, 엉터리였지만 묘하게 궁금증을 일으켰다.

아니안 해협은 1562년 무렵 이탈리아 지도장인 지아코모 가스탈디Giacomo Gastaldi가 최초로 지도 위에 그려 넣으면서 현실성을 띠게 되었다. 지도에 구체적인 표시가 있으면 근거가 있는 것처럼 여겨져 마치 진실인 양 착각하기 마련이다. 아니안은 가스탈디가 실제로 조사해서 그린 것이 아니었다.

그리하여 아니안 해협의 존재는 혼란을 일으키며 가짜 아니안 해협이 그려진 세계 지도는 선원들에게 기대와 실망을 안겨 주었다. 16세기 후반에는 스페인 왕을 섬긴 그리스인 수로 안내인 후안 데 푸카Juan de Fuca가 아니안 해협을 발견했다고 언급해 화제가 되기도 했다. 이런 구체적인 정보가 있으면 가짜뉴스는 일시적으로 진실성을 되찾는다.

아무런 근거도 없이 오로지 믿음과 희망에서 탐험이 시작되었다. 이 탐험은 북서 항로라는 환상을 지침 삼아 영국인과 프랑스인, 스페인인이 아시아와 유럽을 최단시간에 연결하는 항로의 발견을 목표로 했다. 북대서양의 래브라도 측과 태평양의 캘리포니아 측 모두 탐험에 나섰다.

그런데 이 가공의 항로가 실은 헛소문에 지나지 않는다는 것을 증명한 이가 있었다. 그는 밴쿠버섬을 발견한 영국인 탐험가 조지 밴쿠버George Vancouver였다. 그가 1791년에서 1794년에 걸쳐 북아메리카 태평양 연안을 성공적으로 항해하면서 마침내 진실이 수면 위로 올라온 셈이다.

chapter 15

프랑스 경제를 무너뜨린
존 로의 사술과 허위 광고

세 치 혀끝에서 발행된 프랑스 최초 지폐

1697년 민간은행인 잉글랜드 은행이 영국에서 지폐 발행권을 따냈다. 종이를 돈으로 찍어내다니 상인들에게는 그야말로 호재였다. 이를 계기로 프랑스에서 대대적으로 지폐를 발행하여 대박을 터뜨리려 했던 인물이 있다. 바로 스코틀랜드인 존 로John Law de Lauriston이다.

그의 계획은 80% 정도 성공했지만, 마지막에 모든 것을 지탱하던 미시시피 회사가 파산하면서 수포로 돌아간다. 프랑스 정부를 움직였던 엄청난 거짓말이 무너지는 순간이었다.

1671년 금 세공사의 아들로 태어난 존 로는 젊은 나이에 싸움 중 살인을 저지르고 만다. 로는 교도소에 가지만 탈옥에 성공하고 도박에서 딴 돈으로 상류층에 입성했다.

잇속에 밝았던 로는 민간은행인 잉글랜드 은행이 영국에서 발행한 불환 지폐를 골똘히 연구하여 이를 흉내낼 생각을 한다. 프랑스에서 지폐를 발행해서 한밑천 잡으려는 속셈이었다.

당시에는 금화나 은화가 곧 돈이었다. 로는 양에 한도가 있는 금과 은에 얽매이지 않고 종이 지폐를 대량으로 발행하면 경기도 살리면서 막대한 이익을 챙길 수 있으리라 생각했다. 마법의 지팡이를 휘두르듯 엄청난 양의 지폐를 찍어내 경제도 살리고, 자신도 큰돈을 만져볼 수 있는 기회가 될 것이라 여긴 것이다. 사람들에게 믿음을 주고 돈으로서의 역할만 증명하면 금, 은과 하등 다를 바가 없지 않겠느냐는 것이 그의 지론이었다.

그는 10만 리브르의 재화로 100만 리브르의 상업을 영위하겠고 말했다. 그러한 사고방식은 채권을 거래하여 이윤을 부풀릴 수 있다는 현재의 헤지펀드와 일맥상통한다.

로는 재정난으로 쩔쩔매던 프랑스를 겨냥해 루이 15세의 섭정이었던 오를레앙 공을 포섭하여 지폐 발행권을 갖는 사적 은행의 창설을 허가받는다. 로가 세 치 혀로 손쉽게 프랑스 최초의 지폐 발행에 성공한 것은 잉글랜드 은행이 지폐 발행에 성공하고 22년이 지난 후의 일이었다.

로의 은행은 1718년 뱅크 로열로 국영화되어 금과 교환할 수 있는 지폐 발행을 시작한다. 부르봉 왕조도 로의 은행에서 발행하는 지폐로 정부에 납세할 것을 의무화했다. 지폐를 많이 찍어낼수록 인플레이션이 발생해 프랑스의 경기는 차츰 회복되는 듯 보였다.

로와 정부의 진짜 속셈

그 후 로는 루이지애나(북아메리카 대륙의 프랑스 식민지) 독점 개발권과 25년 동안 프랑스와 루이지애나 사이의 무역 독점권을 갖는 미시시피 회사를 설립한다. 프랑스에는 지폐의 가치를 담보할 만큼의 돈이 없었기 때문에 미시시피 회사의 수익에 따라 지폐의 가치를 매겨 발행하려 한 것이다. 루이지애나는 캐나다에서 멕시코만에 이르는 미시시피강 유역의 광활한 땅이다.

로는 상환이 정체된 국채를 미시시피 회사의 주식과 교환하는 방식으로 대신 갚아나가는 구조를 만들기 시작했다. 국가에 생색을 내기 위한 묘책이었다.

국가는 뱅크 로열에서 지폐를 차입하여 귀족들이 보유하고 있는 상환이 정체된 국채를 매입했다. 그리고 귀족들이 그 지폐로 미시시피 회사의 주식을 사들이도록 유도했다. 즉 뱅크 로열이 발행하는 지폐를 중개하여 국채를 미시시회 회사의 주식으로 대체해간 것이다. 그래서 미시시피 회사의 주가가 오르면 귀족들은 입이 귀에 걸렸다. 그리고 모든 것은 미시시피 회사의 주가 상승 여부에 달리게 되었다.

또 로는 회사에 담배 무역 독점권을 부여하고 루이지애나에 많은 정착민과 노예를 보내 수익 확대를 도모했다. 그뿐만 아니라 로는 주가를 올리기 위해 회사의 무역 특권 확대, 고배당, 주식 분할 구매, 기존 주주에 대한 주식 할인 판매 등 온갖 방법을 총동원했다.

왕실도 채무(국채) 소멸에 적극 힘쓰는 미시시피 회사를 은인처럼 생각했기에 최대한 회사의 편의를 봐주었다.

주가 거품과 속임수의 붕괴

정부와 합심하여 저지른 속임수가 성공적으로 먹혀들면서 미시시피 회사의 주식은 급물살을 탔다. 프랑스뿐만 아니라 영국과 네덜란드 등에서도 주식을 사들이는 통에 주가는 무려 18배나 급등하면서 거품이 심하게 꼈다.

존 로의 속임수와 버블

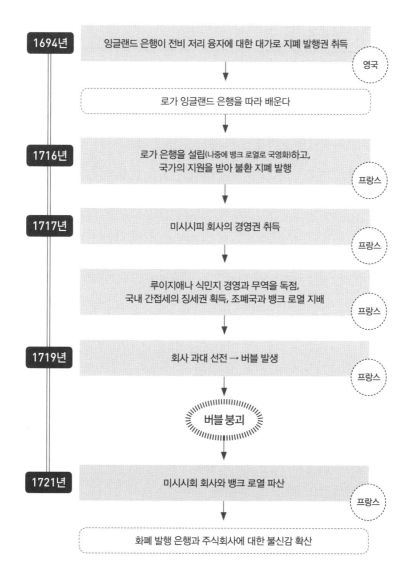

1694년 | 잉글랜드 은행이 전비 저리 융자에 대한 대가로 지폐 발행권 취득 — 영국

로가 잉글랜드 은행을 따라 배운다

1716년 | 로가 은행을 설립(나중에 뱅크 로열로 국영화)하고, 국가의 지원을 받아 불환 지폐 발행 — 프랑스

1717년 | 미시시피 회사의 경영권 취득 — 프랑스

루이지애나 식민지 경영과 무역을 독점, 국내 간접세의 징세권 획득, 조폐국과 뱅크 로열 지배 — 프랑스

1719년 | 회사 과대 선전 → 버블 발생 — 프랑스

버블 붕괴

1721년 | 미시시회 회사와 뱅크 로열 파산 — 프랑스

화폐 발행 은행과 주식회사에 대한 불신감 확산

로는 정부로부터 수완을 인정받아 재무장관으로 발탁되었다. 그런데 1720년 왕립은행의 관리권을 인도 회사에 위임한다는 정부의 포고가 나오자, 선동만 할 뿐 전혀 수익을 내지 못하던 미시시피 회사에 대한 기대가 단번에 식으면서 주가는 바닥을 치게 된다. 미시시피 회사의 높은 주가 때문에 유지되던 지폐 가치도 폭락해 휴지 조각으로 변하고 만다. 경제는 걷잡을 수 없이 무너졌고 프랑스도 더는 지폐를 발행할 수 없게 되었다.

모든 것을 잃은 로는 목숨만 겨우 건져 이탈리아로 망명하였고 베네치아에서 쓸쓸히 죽었다. 이듬해 미시시피 회사의 전체 주식을 폐기하기를 결정했다. 로와 정부가 결탁한 장대한 속임수는 결국 참담한 실패로 막을 내렸다.

20세기 경제학자 갤브레이스Galbraith는 그의 저서 《돈, 그 역사와 전개Money: Whence It Came, Where It Went》에서 사상가 생시몽Saint Simon이 지적하는 바를 다음과 같이 서술한다.

"만약 그와 같은 기구에 확실한 장점이 존재한다 한들,

그 장점에 미시시피 계획이라는 망상,

주식회사에 대한 구상, 복잡한 전문 용어,

갑에게 지불하기 위해 을로부터 돈을 탈취하는

간교한 방법 같은 특징이 덧붙게 되면,

이러한 기구는 금광이나 화금석을 가지지 않는 이상,
극소수의 사람만이 부유해지고 나머지 대다수의 사람은
완전히 파멸해버리는 형태로 반드시 붕괴하기 마련이다.
그리고 사실 이것은 현실에서 일어난 일이기도 하다."

Episode 6

가짜뉴스의 희생양이 된
프랑스 왕비의 비극

프랑스혁명은 사실 교묘한 신경전이었다. 혁명 세력은 가짜
뉴스를 사람들 입에 오르내리게 하면서 부르봉가와 기존 질서를
깎아내렸다. 그때 표적이 된 사람이 오스트리아 합스부르크 가
문에서 루이 16세에게 시집온 마리 앙투아네트였다. 사치를 일
삼는 오스트리아 여성으로 알려지며 마리 앙투아네트는 프랑스
대중에게 증오의 대상이 된 것이다.

처음 입방아에 오른 것은 1785년에 벌어진 목걸이 사건이었
다. 자신을 명문가 발루아 가문의 자손이라 소개한 잔느 드 라 모
트Jeanne de la Motte 백작 부인이 마리 앙투아네트의 친한 친구를 속
여 160만 루블(약 1톤 상당의 금)을 왕실에 드나드는 보석상들로부

유폐된 마리 앙투아네트

터 빼앗은 사기 사건이었다.

이 사기극은 줄거리가 꽤 복잡했다. 그런데 희한하게도 왕비로 둔갑한 창녀며 의사로 변장한 사기꾼들이 잇따라 등장했지만, 라 모트 부인만 재판에서 유죄 판결을 받고 나머지는 모두 무죄로 풀려났다.

과연 사기꾼들답게 전혀 빈틈이 없었다. 거기다 유죄 판결을 받은 라 모트 부인은 쥐도 새도 모르게 런던으로 도망쳤다. 그리고 남은 건 사기 사건 때 생긴 마리 앙투아네트와 라 모트 부인이 서로 연인 관계라는 루머였다. 졸지에 마리 앙투아네트는 사기꾼의 동성 연인이 돼버렸다.

1789년 바스티유 습격 사건으로 프랑스혁명이 발발했다. 파리에서는 여전히 빵값이 하늘 높은 줄 모르고 치솟으며 아이들까지 굶주림에 허덕였다. 감정이 격앙된 엄마들은 베르사유 궁전으로 우르르 몰려갔다. 자녀에게 먹일 빵이 없다고 호소하러 간 것이다. 그런데 마리 앙투아네트가 "그럼 케이크를 먹으면 되지 않느냐"고 답했다는 황당한 헛소문이 퍼지기 시작했다. 마리 앙투아네트는 완전히 바보천치로 전락했다.

그 후 파도치는 혁명 속에서 루이 16세 일가는 파리의 튀일리 궁에서 도망쳐 오스트리아로 망명을 꾀하지만, 호화 마차를 타고 국외로 도망치는 바람에 곧 발각되고 만다. 이들은 이틀 후 프랑스 동부 바렌에서 붙잡혀 파리로 끌려간다.

　이 바렌 사건을 계기로 친국왕파였던 사람들도 국왕 편에서 멀어지게 된다. 민중은 이 사건을 국왕이 오스트리아의 도움을 받아 혁명 정부와 한판 붙으려 한 것으로 받아들이고 분노했다. 게다가 그마저도 마리 앙투아네트가 꾸민 짓으로 둔갑해버렸다.

　1792년 유럽과 프랑스 사이에 전쟁이 시작되자 루이 16세와 마리 앙투아네트는 탕플탑에 유폐된다. 1793년 루이 16세에 이어 늘 대중의 눈엣가시였던 마리 앙투아네트도 단두대에 오르며 생을 마감한다.

　프랑스혁명은 최악의 사회 상황 속에서 전개되었기 때문에 대중에게는 누구나 다 알 법한 악역이 필요했다.

chapter 16

혁명 화가는 영웅 나폴레옹
만들기에 얼마나 동참했는가

카이사르를 흉내 낸 포퓰리스트 나폴레옹

포퓰리스트에게 영웅의 이미지는 매우 중요했다. 무엇보다 영웅은 자고로 멋있어야 했다. 당시에는 텔레비전 같은 매체가 없었기 때문에 의상이나 초상화, 소문이 중요했다. 뛰어난 지도자, 군사 천재, 월등한 스태미나 등 호감을 품게 만드는 거짓말을 쌓아 대중에게 어필했다. 당시 그림은 대중을 속이는 데 강력한 수단이 되었다.

나폴레옹의 롤 모델은 고대에 평민파에서 출발하여 대중을 배신하고 독재자가 되어 권세를 떨쳤던 카이사르였다. 코르시카 섬의 하급 귀족 집안에서 열두 형제 중 넷째로 태어난 나폴레옹은 카이사르를 동경하고 그가 취했던 수법들을 적극 받아들였다. 또한 어떻게 하면 영웅 이미지를 만들 수 있을까 늘 동분서주하며 대중을 자기편으로 끌어들이려고 했다.

요란한 군장이며 야단스러운 행동거지며 나르시스트 나폴레옹의 허영심은 멈출 줄 몰랐다. 그러다 마침내 노트르담 대성당에서 호화로운 대관식을 거행하며 황제의 자리에 오른다. 심지어 나폴레옹의 정부 왈레브스카 백작 부인이 임신하자 오랜 세월 함께한 그의 부인 조세핀을 아이가 생기지 않는다는 이유로 내쳤다. 그리고 1810년에는 명문 합스부르크 가문의 18세 황녀 마리 루이즈를 황후로 맞이하여 호화로운 결혼식을 올린다. 나폴레옹에게는 자신의 권위를 드높이기 위한 결혼이었으며, 마리 루이즈에게는 전형적인 정략결혼이었다.

마리 루이즈는 어릴 때부터 인형에다 나폴레옹이라는 이름을 붙여 마구 괴롭힐 만큼 그를 끔찍이 싫어했다. 결혼 이야기가 나오기 전 마리 루이즈는 친구에게 "나폴레옹이 이번에 왕비로 맞이할 사람을 진심으로 동정한다"는 편지를 썼는데, 자신이 그 왕비가 되는 처지에 놓인 것이다.

사람을 돕겠다는 명목으로 나간 이집트 원정

1798년 나폴레옹은 5만여 명의 병사를 이끌고 몰타를 경유해 이집트로 쳐들어갔다. 원정의 진짜 목적은 인도에 식민지를 가진 영국의 사기를 떨어뜨리기 위함이었으나, 프랑스는 이집트 민중에 대한 인도적 지원이라는 이유를 들었다. 당시 이집트는 오스만 제국 치하에서 터키인 군벌의 지배를 받고 있었다.

원정을 나서기 바로 전 해, 이집트의 프랑스 영사는 이집트 민중이 억압적인 정권에 희생되고 있다며 프랑스가 개입해야 한다고 말한다. 인도적 차원에서 그들을 구한다는 명목으로 침략하는 일은 세계사에서 흔히 있는 일이다. 현재까지도 계속되고 있는데, 나폴레옹의 이집트 원정이 바로 그 대표적인 예다. 나폴레옹군은 알렉산드리아를 점령한 후 자신들을 해방군이라고 선전했지만 주민들에게는 한낱 침략군에 지나지 않았다.

이윽고 카이로 근교에서 맘루크 군사를 물리친 나폴레옹군은 카이로 점령에도 성공한다. 나폴레옹은 이 싸움을 '피라미드 전투'라고 이름 붙였지만, 실제 전투를 벌인 곳과 피라미드는 15킬로미터나 떨어져 있어 거의 보이지 않았다고 한다.

나폴레옹이 "내 사전에 불가능이란 말은 없다", "병사들이여! 이 피라미드 꼭대기에서 4,000년의 역사가 제군을 내려다보고 있다"라는 말로 병사들의 사기를 충전했다는 유명한 일화도 있다. 그러나 나폴레옹이 피라미드를 구경하러 나갔을 때 한 말이라는 둥, 나폴레옹이 몰락하여 세인트헬레나로 유배 갔을 때 회상록에 기록한 말이라는 둥, 여러 소문이 무성해 진위를 가리기 어렵다.

부하 1만 5,000명을 내팽개치고 독재자의 길로

나폴레옹이 카이로를 점령한 후, 이집트에서는 대규모 민중 봉기가 일어났다. 오스만 제국과 이집트가 본격적으로 나폴레옹 군에 반격을 시작했기에 혼란은 계속되었다.

같은 시기, 영국과 오스트리아가 프랑스를 향해 공격을 재개해 프랑스는 절체절명의 위기에 빠지게 된다. 나폴레옹은 이집트 점령 계획을 즉시 중단하고 측근의 부하들만 데리고 비밀리에 프랑스로 돌아간다. 보급이 끊긴 1만 5,000명의 병사가 뒤에 남아 있는데도 불구하고 말이다.

대단한 야심가 나폴레옹은 영웅 냄새가 채 가시기도 전에 파리로 돌아가 세 명의 통령으로 구성된 군부 독재 통령 정부를 조직한다. 그는 선전 강화의 권한, 육해군 통수권, 정치 독재권을 가

167

진 첫 번째 통령이 되지만, 또다시 황제라는 영예로운 길을 향해 나선다.

조세핀이 왕관을 받는 다비드의 그림은 고육지책

1804년 나폴레옹 법전을 제정해 국내 질서를 바로잡았던 나폴레옹은 혁명 추진자에서 체제 유지자로 입장을 바꾼다. 나폴레옹은 법을 개정함으로써 국민 투표를 통해 황제로 취임했다. 대중은 그때까지 혁명을 추구했던 그가 갑자기 변심한 것이 못내 의아하면서도, 눈부시게 변해가는 나폴레옹에게 현혹된다.

나폴레옹은 서민의 황제라고도 불렸는데, 역사 이래 그렇게 불렸던 이는 아무도 없다. 원래 나폴레옹에게는 왕후와 귀족에 대한 강한 동경과 콤플렉스가 있었다.

대관식 때 나폴레옹의 나이는 고작 34세에 불과했다. 아마 자기만족감이 최고조에 달하지 않았을까 싶다. 파리의 노트르담 대성당에서 나폴레옹은 장엄한 대관식을 거행하며 그 모습을 화가 다비드에게 그리게 했다. 그림은 아주 호화롭고 찬란했다. 그런데 한 가지 특이한 점이 있다. 왕관을 받는 쪽이 왕비 조세핀이고, 왕관을 내리는 쪽이 나폴레옹인 구도다. 왜 나폴레옹이 아닌

다비드 작품 〈나폴레옹 1세와 조세핀 황후의 대관식〉
비오 7세는 가만히 앉아 있고, 나폴레옹이 조세핀에게 왕관을 내리는 모습이다.

조세핀이 왕관을 받게 된 것일까?

　대관식에는 교황 비오 7세가 초대되었다. 교황은 나폴레옹에게 성유를 뿌림으로써 그의 황제 즉위를 인정하였다. 하지만 혁명군 나폴레옹이 구세력의 화신인 교황으로부터 직접 왕관을 받을 수는 없는 노릇이었다. 그렇게 되면 프랑스혁명을 배신하는 셈이 된다. 그런 이유로 교황이 제관을 내리지 않고 나폴레옹이 직접 쓴 것이다. 하지만 진실을 그리게 되면 장엄한 그림이 완성될 수 없다. 그래서 나폴레옹이 조세핀에게 왕관을 내리는 구도를 택한 것이다. 실제로 대관식이 끝나고 나폴레옹은 함께한 아내 조세핀에게 직접 왕관을 내렸는데, 그 모습이 그림으로 후세에 남겨진 것이다.

이 대작을 그린 이는 고전주의 혁명 화가 자크 루이 다비드다. 다비드는 젊은 시절 자코뱅파의 주요 혁명가였다. 그러나 테르미도르(프랑스 혁명력革命曆 가운데 열월熱月을 가리킨다)의 반동으로 자코뱅파가 세력을 잃자, 다비드는 옥에 갇히고 일자리를 잃는 등 쓰라린 고초를 겪어야 했다. 그러다 훗날 나폴레옹에게 고용되어 선전 활동에 일조한다.

나폴레옹은 다비드의 단정한 화풍을 좋아했다. 나폴레옹이 손수 관을 쓰는 모습을 그대로 표현하면 좀처럼 장엄한 분위기가 나지 않으니, 〈나폴레옹 1세와 조세핀 황후의 대관식〉을 그리는 다비드 입장에서도 참으로 곤란한 일이었을 것이다.

1805년에 나폴레옹은 "초로의 여러 군주국과 청년 공화국 사이에는 서로를 적대시하는 정신이 영원히 존재한다"라고 말했다. 그런데 그 입에 침이 마르기도 전에 기존의 낡은 제도 아래에서 고통받는 서민들을 배신했다.

한때 베토벤은 '서민의 영웅' 나폴레옹을 찬양하며 교향곡을 작

곡하기도 했다. 그랬던 그가 나폴레옹이 제위에 올랐다는 소식을 듣고 "이런 속물 같으니" 하고 격노하며 나폴레옹에게 바칠 헌사를 갈기갈기 찢어버렸다. 교향곡도 곡명에서 나폴레옹의 이름을 지운 〈에로이카(영웅)〉로 고쳐 썼다는 일화도 있다.

혁명 화가 다비드, 황제의 이미지 메이킹을 맡다

나폴레옹의 수석 화가가 된 다비드는 나폴레옹의 이미지를 돋보이게 하고 우상화를 추진하기 위하여 늠름한 나폴레옹의 모습을 그려가며 대중의 우상, 즉 나폴레옹의 허상을 끊임없이 만들어냈다.

코르시카섬의 하급 귀족 출신인 나폴레옹의 실제 모습은 키가 작고 왜소했다. 그런 나폴레옹에게는 "내 사전에 불가능이란 말은 없다"라는 말이 무색하지 않게 위풍당당한 모습으로 그려줄 다비드가 필요했다.

원래 나폴레옹은 휴식을 첫째로 삼고 잠을 충분히 잤던 사람이다. 그런데 나폴레옹은 3시간밖에 자지 않는다는 등 대중을 위해 맹렬히 일하는 강인한 이미지를 만들어냈다.

나폴레옹은 알렉산드로스 대왕과 카이사르를 찬양했다. 알렉산드로스가 자신의 초상을 마음에 드는 장인에게만 맡겼듯이, 나폴레옹도 오로지 다비드 한 사람에게만 영웅 이미지를 만들도록 했다. 때로는 모자와 의상만 던져주고 그림을 그려 놓으라고 명령한 적도 있었다고 한다.

나폴레옹의 성향 탓일 수도 있겠으나, 그는 단정하고 아름다운 그림을 그리는 다비드를 아주 높이 평가했다. 다비드는 실체와 상관없이 늠름한 모습의 나폴레옹을 잇달아 그려가며 선전에 앞장섰다. 다비드는 "초상화는 실제 인물과 닮을 필요가 전혀 없다. 그 인물의 천재성이 표출되기만 하면 그만이다"라는 나폴레옹의 주장을 되새기며 그림을 그렸다. 나폴레옹은 일찍이 자신처럼 혁명을 지향하고 사상적 그림을 그려온 다비드를 자신의 전담 화가로 이용했다.

다비드는 자코뱅파에 가담했다가 1792년 삼부회 의원으로 선출되어 국민의회 창설에 입회했다. 베르사유 궁전 정구장(테니스 코트)을 회의장 삼아 국왕이 헌법 제정을 허락할 때까지 절대 해산하지 않겠노라고 서약하는 국민의회의 모습을 그렸다. 이 그림이 바로 〈테니스 코트의 서약〉으로 교과서에도 자주 실린 다비드의 걸작이다.

국민회의가 성립되자 다비드는 좌파 로베스피에르파에 소속되어 권위주의 화가들의 집단인 왕립 아카데미를 해산했다. 그

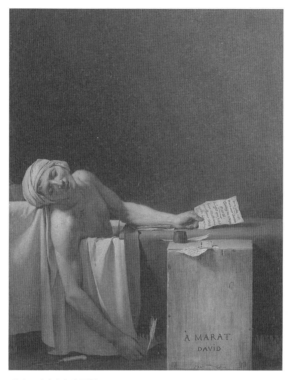

다비드 작 〈마라의 죽음〉

리고 이에 반기를 드는 의미에서 가난하고 혁신적인 예술가들로 조직된 아트 코뮌을 결성하는 데 앞장섰다. 1793년 지롱드파에 의해 암살된 자코뱅파의 지도자 마라Jean-Paul Marat를 그린 〈마라의 죽음〉도 다비드의 걸작으로 유명하다.

　그 후 로베스피에르가 실각하고 다비드도 투옥되었다. 그러나 나폴레옹에게 스카우트 된 뒤로는 그를 선전하는 일에만 전념했다. 제2차 이탈리아 원정 중 폭풍 속에서 말을 타고 붉은 망토를 휘날리며 협곡을 넘는 나폴레옹을 그린 〈생 베르나르 고개를 넘는 나폴레옹〉은 영웅 나폴레옹의 용맹스런 이미지를 만드는 데 이용되었다.

부리엔Louis Antoine Fauvelet de Bourrienne이 쓴 《나폴레옹 회고록》에는 나폴레옹의 말이 다음과 같이 기록되어 있다.

"나의 권력은 나의 명예에!
나의 명예는 내가 이룩한 전승에 달려 있다.
나의 권력은 영광스러운 새 승리를 가져오지 못한다면
몰락하고 말 것이다. 정복이야말로 오늘날
나의 위치를 만들었고, 정복만이 나를 유지할 수 있다."

이처럼 나폴레옹의 명성은 전쟁에 승리하면서 생겨났기에 웅장한 초상화는 선전 효과를 톡톡히 거두었다. 실제 나폴레옹은 방한 도구로 몸을 꽁꽁 감싸고 당나귀를 탄 채 고개를 넘었지만, 당나귀로 나폴레옹의 위대함을 연출하기에 아마 무리가 따르지 않았을까 싶다.

chapter 17

엘리트 공격으로 지지율 상승!
'트럼프식' 미국 대통령 잭슨

개척지가 낳은 풀뿌리 민주주의와 포퓰리스트

트럼프는 백악관 집무실에 한 인물의 초상을 걸어 놓았던 것으로 유명하다. 그 초상의 주인공은 바로 미국 제7대 대통령 앤드루 잭슨Andrew Jackson이다. 현재 20달러 지폐에도 그의 초상이 그려져 있지만, 잭슨은 정치가 가운데서도 포퓰리스트 중 포퓰리스트라 할 수 있다.

앤드루 잭슨의 전대미문의 정치 행태는 당시 개척지 사람들의 주장을 대변한 것이기도 했다. 이로써 그는 가장 전형적인 미국의 포퓰리스트 정치인이 되었다.

이민과 개척민의 나라 미국에는 동부 보스턴, 매사추세츠 등에 이스태블리시먼트가 모여 있었는데 그들은 지방 대중들로부터 전혀 지지를 받지 못했다. 모든 이의 호응을 얻기에는 미국이 너무 넓었다.

유럽 등지와 비교하면 미국 명문의 힘은 미약하기 그지없었다. 그래서 대중의 의견을 대변하는 포퓰리스트 정치인들이 종종 등장하면서 사회를 변혁해왔다.

미국은 근대 이후, 포퓰리스트 정치가 가장 활발히 활약했던 나라라고 할 수 있다. 미국에는 귀족이 존재하지 않았고, 포퓰리즘의 등장을 가능케 하는 특수한 조건이 있었기 때문이다. 앤드루 잭슨은 포퓰리스트들의 선구자이며 독립전쟁을 이끈 13식민지(13개의 영국계 식민지를 뜻하며 13주라고도 한다) 밖에서 나온 최초의 대통령이었다. 말하자면 '프런티어(미국에서 개척지와 미개척지의 경계선을 이르던 말)의 정치가'라 할 수 있다.

그렇다면 프런티어란 무엇일까? 리오 휴버먼이 쓴 《가자! 아메리카로We the People: the Drama of America》에는 프런티어의 분위기가 아주 선명하게 그려져 있다. 내용은 조금 길지만 함께 짚어보고 넘어가면 좋을 듯싶다.

"개척자는 인간의 가치를 그가 누구냐가 아니라,

그가 무엇을 할 수 있느냐에 따라 헤아려야 함을 배웠다.

서부에는 독일인과 스코틀랜드계 아일랜드인,

프랑스인을 비롯하여 세계 곳곳에서 사람들이 흘러들었다.

서부에서는 모든 이들이 평등했다. 부자에게나,

가난한 사람에게나, … 비천한 사람에게나, 품위 있는 사람에게나,

모든 사람에게 모든 것이 동등했다. …

인산인해를 이루는 서부의 한 집회에서 몇몇 관원이

사람들을 헤치고 무리하게 연단 앞으로 나가려고 했다.

그들은 외쳤다. '비켜라, 우리는 인민의 대표다!'

그러자 즉시 이러한 대답이 나왔다.

'너희들이야말로 비켜라, 우리가 인민이다!'

이처럼 대답할 수 있었던 이들은 확실히 자신의 위력을 알고 있었다.

이들은 누구에게도 고개를 숙이려 들지 않았다."

"우리가 인민이다!"라는 대목은 참으로 명언이었다. 그런 말을 들으면 아무리 관원이라 한들 찍소리도 못할 것이다. 인민, 즉 대중이 당당히 가슴을 쭉 펴고 살 수 있다. 이것이야말로 프런티어의 분위기가 아닐까. 여기에서 풀뿌리 민주주의와 앤드루 잭슨과 같은 포퓰리스트가 생겨났으리라 생각된다.

꼴사나운 영미전쟁의 영웅으로

유럽에서 나폴레옹 전쟁이 확산됨에 따라 영국이 혼란스러운 틈을 타, 미국이 영국에게서 캐나다를 빼앗으려다가 일어난 전쟁이 영미전쟁(1812~1814년)이다.

캐나다와 영국은 인디언 부족들과 힘을 합쳐 미국과 싸웠다. 전체 상황은 미국에 유리했지만, 각 주의 협력을 얻지 못해 병력이 충분치 않았다. 영국군에 수도 워싱턴이 점령되고 백악관이 불길에 휩싸이는 등 점점 미국에 불리하게 흘러갔다. 영미전쟁 때 화재로 그을린 대통령 관저 외벽을 하얀색 페인트로 칠하면서 백악관으로 불리기 시작했다는 속설도 있다. 현재 미국의 국가인 '성조기'도 영미전쟁 때 생겨났다.

1814년 볼티모어에 있는 맥헨리 요새는 영국군의 맹렬한 야간 공격에도 끝까지 버텨냈다. 그 자리에 있던 시인이자 변호사인 프랜시스 스콧 키Francis Scott Key는 영국군의 무자비한 공격에도 유유히 요새에 펄럭이는 성조기를 보고 감격해서 시를 썼다. 그 시에 당시 술집에서 유행했던 〈천상의 아나크레온에게〉의 멜로디를 붙여 만든 노래가 미국의 국가 〈별이 빛나는 깃발〉이 되었다고 한다.

이 노래는 세계 대공황 중이던 1931년에 미국의 새로운 국가로 채택되었다. 이 노래를 국가로 삼아 대공황으로 잔뜩 침울해진 국민의 사기를 일으켜 세우고자 한 것이다. 아무튼 간에 영미전쟁은 몹시 어리석은 전쟁이었다.

사실 앤드루 잭슨은 영미전쟁이 한창일 때 입소문을 타고 미국 대중의 영웅이 되었다. 별 볼 일 없어 보이던 그가 대통령이 될 수 있었던 건 오로지 영미전쟁이 낳은 전설 덕분이었다. 그는 우울했던 영미전쟁의 유일한 영웅이었다.

앤드루 잭슨은 영미전쟁에서 인디언과의 전쟁을 맡았다. '인디언=개척민의 적'이라는 차별 의식을 품고 있던 잭슨은 영국 편에 선 인디언과의 전투에서 여자, 아이 할 것 없이 인디언이라면 무조건 죽였다.

백인 아니면 눈에 뵈는 게 없었던 잭슨에게 인디언은 모조리 없애야 할 대상에 불과했다. '인디언 여자를 살려두면 부족이 되살아날 것이다'가 그의 지론이었다니 지독한 독종이 아닐 수 없다. 지휘관으로서 잭슨은 부하들 사이에서 꽤 평판이 좋았지만, 인디언에게만큼은 극도로 잔인했다.

전쟁은 1814년 나폴레옹이 퇴위된 후, 같은 해 말에 벨기에 겐트에서 영국과 미국이 평화 조약을 체결한다. 하지만 아메리카 대륙에는 그 소식이 뒤늦게 전해졌다. 1815년 앤드루 잭슨은 정전 협정이 체결되었음에도 개의치 않고 뉴올리언스의 영국군에 기습 공격을 가해, 7,500명 이상의 군사를 섬멸하는 대승을 거둔다. 영미전쟁이라는 꼴사나운 전쟁의 유일한 대승리였다.

그로 인해 대중은 뉴올리언스 전투로 영미전쟁이 끝났다고 믿게 되면서 앤드루 잭슨은 구국의 영웅으로 떠올랐다.

대중의 지지를 얻어 미국 제7대 대통령으로

앤드루 잭슨은 아일랜드에서 이주한 농민의 아들로서, 원래는 인디언의 땅이었던 개척지에서 자랐다. 13세에 전령으로 독립전쟁에 참전했지만, 영국군의 포로로 끌려가 혹독한 학대를 당했다. 잭슨 집안에 역병이 돌아 그를 제외한 모든 가족이 사망했다.

그는 스스로 학비를 벌며 힘겹게 공부했다. 안장鞍裝공, 초등학교 교원을 거쳐 프런티어의 변호사, 지방 정부 법무관, 테네시주(1796년 주로 인정되었다)의 상·하원 의원(민주공화당)이 되었다. 질서가 확립되지 않은 프런티어에서 오로지 실

앤드루 잭슨의 초상(1824년)

력에 의해서만 올라갔다.

한편 잭슨은 부지런히 땅을 사 모았다. 최고 300명의 흑인 노예들을 부려 목화 대농장을 운영했고, 땅 사재기와 투기를 일삼으며 차곡차곡 부를 늘려나갔다. 그런 와중에 모욕을 당하고 온 아내를 위해 결투를 벌여 승리했다는 마초다운 일화도 있다.

영미전쟁의 영웅으로 명성을 쌓은 앤드루 잭슨은 1828년 대선에 출마했다. 대중의 의견을 대변하는 포퓰리스트로서 동부 대도시의 정치 엘리트인 이스태블리시먼트에 당당히 맞섰다.

이스태블리시먼트 정치에 강한 반감을 품고 있던 서부 개척민과 북동부 노동자, 남부의 면화 농장주들은 영미전쟁의 영웅 잭슨을 열광적으로 지지했다. 선거전에서 잭슨은 반대파로부터 바보를 뜻하는 '당나귀'라고 불리며 놀림을 받지만, 그것을 민주당의 상징으로 삼으려는 강인함도 있었다. 그렇게 당나귀는 이스태블리시먼트로부터 멸시받는 대중의 상징이 되었다.

잭슨은 서부 개척민의 대표이자 영미전쟁의 영웅, 흥미로운 에피소드가 가득한 후보자로 대중의 열광적 지지를 받았다. 잭슨이 대통령에 당선되자 그에게 열광하던 1만 명이나 되는 선거인들이 백악관으로 몰려들어 밤새도록 성대한 연회를 열었다고 한다.

잭슨은 정규 교육을 받지 않아서인지 철자도 잘 틀렸는데, 이와 관련된 흥미로운 일화가 있다. 현재 널리 사용되는 'OK'라는 말은, 대통령이 된 잭슨이 서류를 결재할 때 All Correct라고 써야 하는데, Oll Correct라고 써버린 데서 유래했다는 것이다. 비록 철자는 틀렸을지언정, 그는 개척지에서 힘들게 일궈낸 결단력과 실행력을 충분히 갖춘 인물이었다.

잇달아 실행된 반엘리트 정책

앤드루 잭슨은 군인 출신 대통령답게 강권정치를 시행했다. 동부의 이스태블리시먼트와 타협하는 일이 절대 없었다. 그는 앤드루 1세라고 불릴 만큼 대단히 독재적이었다. 또 철저하게 대중, 그 가운데서도 특히 중서부 대중의 편에 섰다. 도저히 상식으로는 이해할 수 없는 일도 태연하게 저지르며 미국 정치의 역사를 다시 썼다. 이러한 그의 정치사상은 '잭슨 민주주의 Jacksonian Democracy'라고 불렸다. 당시 그의 주장에 따른 자연스러운 결과였다.

잭슨이 대중과 영합해 실시한 주요 정책은 다음과 같다.

1. 각 주에서 백인 남성에게 선거권을 주는 선거법을 실시한다 (보통 선거).

2. 통화 발행권을 가진 합중국 은행이 은행과 영국 등 유럽의
   금융업자들에 의해 좌지우지되고 있으며 주의 경제 자주권
   을 침해하고 있다. 이에 의회의 반대에도 불구하고 달러의
   발행권을 각 주에 부여한다.
3. 대통령 선거에서 승리한 민주당원과 유력한 지지자를 정부
   의 공직에 앉힌다.

2번은 달러의 발행권을 각 주에 부여한다는 이유로 달러 발행
권을 가진 소규모 은행이 여기저기서 들고 일어섰다. 남북전쟁
이 터지기 직전에는 1만 6,000여 곳의 은행이 달러 발행권을 갖
고 있었고, 7,000여 종의 달러 지폐(그중 위조지폐가 4,000여 종)가 발
행되어 경제가 대혼란에 빠졌다.

3번은 동부 이스태블리시먼트가 멋대로 휘젓는 관료 제도를
바꾸고, 행정에 민의를 반영하기 위함이라고 내세웠다. 하지만
실제로는 동료 간 자리 나누기 혹은 엽관의 조직화라는 성격에
지나지 않아 정치 부패 쪽으로 흘러갔다. 이 모든 것은 동부 세
력의 이익을 말살시키고 거기에 대중을 끼워 넣기 위한 정책이
었다.

또 잭슨은 원주민을 힘으로 억압할 것을 주장했다. 그래서 원
주민 인디언을 강제로 미시시피강 서쪽 변방의 인디언 거류지로

이주시키는 인디언이주법을 제정하여 체로키족 등을 강제로 이주시켰다. 게다가 잭슨은 흑인 노예를 이용한 농장 소유자이기도 했기에 노예 제도에 적극 찬성하는 입장이었다.

그는 동부 이스태블리시먼트에 반대하는 개척지 대중의 사고방식을 충실히 대변한 포퓰리스트였다. '이스태블리시먼트 반대!'라고 외친 풀뿌리의 목소리가 마법의 힘을 발휘한 것이다.

chapter 18

애매모호한
링컨의 노예 해방 선언

모호한 미국의 노예 해방

남북전쟁이 시작되기 전 미국은 목화 농장이 많은 남부, 자작
농이 많은 북부, 새로 개발되는 중서부로 삼분되었다. 영국의 면
직물의 원료인 면화를 공급하는 남부는 영국 경제와 깊숙이 결
합된 풍요로운 지역이었다.

하지만 이민자의 유입이 많아져 중서부의 인구가 늘면서 남
부의 비중은 점차 낮아지게 된다. 더욱이 노예제 폐지를 주장하
는 공화당의 에이브러햄 링컨Abraham Lincoln이 16대 대통령에 오르
면서, 미래의 희망을 잃은 남부의 각 주는 연방 이탈을 목표로 삼
았다.

1861년 노예 없이는 면화 농장을 유지하기 어려운 남부의 11주

남부 연합기가 휘날리는 섬터 요새의 안쪽(1861년)

가 미국 연합국을 결성하고 독립을 주장했다. 남군이 남부의 섬터 요새(사우스캐롤라이나주 찰스턴의 항구에 위치한 석조 요새)를 공격하면서 남북전쟁의 막이 올랐다. 연방 정부가 섬터 요새를 남부에 반환하지 않았기 때문이다.

하지만 현실적인 대통령 링컨은 노예제 폐지를 고집하지 않았고 합중국의 통일 유지를 우선시했다. 링컨은 일간지 〈트리뷴〉을 통해, 노예제 즉시 철폐를 주장한 호레이스 그릴리Horace Greeley에게 쓴 서한에서 자기 생각을 다음과 같이 밝혔다.

"이 전쟁에 있어 나의 지상 최대의 목표는 연방을 구하는 것이다.

노예제는 구할 수도 없앨 수도 없다.

만약 단 한 명의 노예조차 자유롭게 할 수 없을지라도

연방만 구할 수 있다면, 나는 그렇게 할 것이다.

만약 모든 노예를 자유롭게 함으로써

연방을 구할 수 있다면, 나는 그렇게 할 것이다.

또한 만약 일부 노예만 자유롭게 하고 나머지 노예는

그냥 두어야만 연방을 구할 수 있다면, 나는 그렇게 할 것이다.

내가 노예제와 흑인종에 그러한 태도를 보이는 것은

그것이 연방을 구하는 데 도움이 될 것이라 믿기 때문이다."

링컨은 "분열된 집은 서 있을 수 없다"라는 성서 구절을 인용하며 연방 유지를 강력히 주장했다. 남부의 노예 제도는 어쩔 수 없지만 더 이상 확대되는 것에는 반대했다. 그리고 애초에 대통령이 노예 제도를 폐지할 권한까지는 없다고 생각했다.

북부와 남부에는 힘 차이가 압도적이어서 남부는 도저히 북부를 이길 수 있는 형편이 아니었다. 면화만 풍부하고 식량을 자급할 수 없었던 남부는 영국의 지원에 희망을 걸 수밖에 없었다.

링컨은 남부 지역의 해상을 봉쇄하여 식량을 끊고 영국이 남부를 지원하지 못하게 하는 두 가지 전술을 기본으로 삼아 정치

남북전쟁 당시 미국

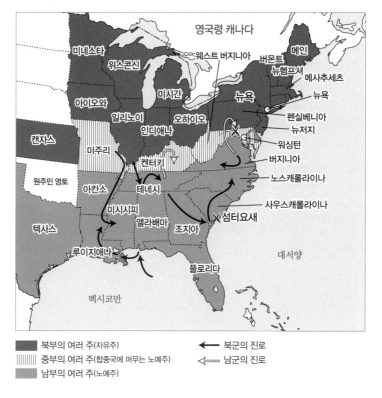

영국령 캐나다

미네소타
위스콘신
미시간
아이오와
일리노이
인디애나
오하이오
캔자스
미주리
켄터키
원주민 영토
아칸소
테네시
미시시피
앨라배마
조지아
텍사스
루이지애나
플로리다
멕시코만
웨스트 버지니아
버몬트
뉴헴프셔
메인
뉴욕
메사추세츠
뉴욕
펜실베니아
뉴저지
워싱턴
버지니아
노스캐롤라이나
사우스캐롤라이나
섬터요새
대서양

■ 북부의 여러 주(자유주)　　←── 북군의 진로
|||||| 중부의 여러 주(합중국에 머무는 노예주)　⇐══ 남군의 진로
■ 남부의 여러 주(노예주)

과제를 수행하려 했다.

　1. 미국 국내 … 노예 제도 문제에 대한 현상을 유지한다.

　2. 미국 국외 … 노예 제도를 폐지한 영국이 노예 제도 유지를
주장하는 남부를 지원할 수 없도록 한다.

노예 해방 선언의 진짜 목적

링컨이 노예 해방을 선언한 것은 두 가지 정치적 과제를 극복하기 위함이었는데 그 내용은 다음과 같다.

"미합중국에 대해 반란 상태에 있는
모든 주 또는 주 일부 지역의 노예는 1863년 1월 1일부로
영구한 자유를 부여받는다.
육해군 당국을 포함하여 합중국 정부는
진정한 자유를 얻고자 하는 그들의 노력을 억압하는
어떠한 행동도 취하지 않을 것이다."

하지만 미합중국에 머무는 노예주의 노예만큼은 현상 유지를 인정했다. 미국 남부의 목화에 의존하고 있던 영국 입장에서는 남부가 연방을 이탈하는 편이 유리했으나, 노예제를 찬성하는 듯한 행동은 취하지 않았다. 남부의 주들을 지지하면 영국이 노예제를 옹호하는 나라라고 인정하는 꼴이 되기 때문이다.

유럽 국가들도 노예제 폐지 선언을 적극 지지했기 때문에 영국도 더 이상 어찌할 도리 없이 북부와 남부를 합쳐 하나의 국민 국가가 된 미국을 인정할 수밖에 없었다.

링컨의 노예 해방 선언의 진짜 목적은 영국의 개입을 막기 위해서였다. 그래서 남북전쟁 이후에도 흑인에게 시민권을 주는 움직임은 지지부진했다. 그러다 1964년 마침내 공민권법이 성립되면서 흑인 차별, 흑인 분리 교육의 뿌리를 제거할 수 있었다.

남북전쟁 후 폭발적 경제 성장

남북전쟁은 미국 최대 규모의 내전이었다. 당시 미국 인구는 3,000만 명으로 알려져 있는데, 북군의 사망자는 36만 명, 남군 사망자는 26만 명으로 전체로 따지면 3,000만 명 중 62만 명에 달하는 사람이 사망했다. 미국 전체 인구의 약 2%가 목숨을 잃은 셈이다. 전쟁에 소요된 비용만 해도 자그마치 100억 달러나 되었다. 덧붙이면 미국의 제1차 세계대전의 전사자는 약 12만 명, 제2차 세계대전의 전사자는 약 32만 명이다.

전쟁 중이던 1862년에 연방 의회가 결정한 모리스 관세법과 1963년에 제정한 국립은행법은 미국 자본주의 경제 발달에 기여했다. 서부 개척민은 1862년에 자영농지법(홈스테이드법)에 따라 5년간 서부 개척에 종사하면 등기 비용만 지불하고 20만 평의 토지를 무상으로 받았다.

단숨에 늘어난 서부 자영 농민과 유럽에서 대거 유입된 이민자는 미국 경제 성장에 크게 이바지했다. 1870년대 이후 유럽은 스무 해나 지속되는 장기 불황 상태에 빠졌다. 반면 형편이 어려운 사람들 사이에서 미국으로 이주하기만 하면 넓은 땅을 얻을 수 있다는 아메리칸 드림이 퍼지면서 수많은 이민자가 대서양을 건넜다.

1890년에 실시한 인구 조사에서는 서부의 프런티어 라인이 자취를 감추는데 이는 서부 개척이 완료되었음을 의미한다. 영국의 개입을 막은 남북전쟁은 남부 여러 주들의 연방 이탈을 막았을 뿐만 아니라 미합중국 경제가 눈부시게 발전하는 계기가 되었다.

마차밖에 없었던 서부에는 우선 교통 인프라 정비가 시급했다. 국가 주도로 1869년에 최초의 대륙 횡단 철도가 개통되었다. 마차 루트를 따라 최종적으로 4개의 대륙 횡단 철도가 완성되면서, 아메리카 대륙의 동서 결합을 강화하고 산업 발전을 뒷받침하는 토대가 마련되었다. 이에 힘입어 미국 산업은 1900년 영국을 제치고 당당히 세계 1위를 차지하게 되었다.

chapter 19

프로이센-프랑스 전쟁을 일으킨
비스마르크의 가짜뉴스

독일 통일을 두고 싸운 비스마르크와 프랑스 황제

독일 통일을 목표로 한 보수 세력의 융커Junker(독일 동부의 지주 귀족) 비스마르크Otto Eduard Leopold von Bismarck는 1862년에 프로이센 재상의 자리에 오른다.

그는 "현재의 큰 문제는 언론이나 다수결이 아닌 오직 철鉄과 피血로써만 해결되어야 할지외다"라는 철혈 연설을 한 것으로 유명하다. 비스마르크는 철혈 정책으로 강력한 군대를 동원하여 불과 6주 만에 프로이센-오스트리아 전쟁(1866년)에서 승리를 거둔다. 그리고 빈 체제에 입각하여 독일 연방을 분리하며 프로이센을 중심에 두고 22개국으로 구성된 북독일 연방 결성에 성공한다.

하지만 독일 통일을 이룩하기 위해서는 오스트리아-헝가리 제국과의 전쟁 때 오스트리아 편에 선 바이에른 등 남부 여러 지역을 흡수하는 것이 필요했다. 이에 반하여 이웃 나라 프랑스의 나폴레옹 3세(나폴레옹 보나파르트의 조카)가 독일 통일을 저지하겠다고 나섰다.

비스마르크는 전부터 독일 통일을 위해서는 나폴레옹 3세와의 싸움이 불가피할 것으로 생각해왔다. 그는 팽창주의자인 나폴레옹 3세의 라인강 좌안 지대 요구와 남부 바이에른에 대한 개입 등을 이용하여 독일인을 하나로 똘똘 뭉치게 한다.

갑자기 불거진 스페인 왕위 계승 문제

그러한 상황 속에서 1870년 스페인에서 갑자기 혁명이 터졌다. 이로 인해 왕위를 빼앗긴 여왕은 프랑스로 망명하고, 스페인에서는 첫 보통 선거가 실시되면서 입헌왕제로 전환하게 된다.

정치적 혼란이 계속되던 스페인에서는 새 국왕 선출이 시급한 과제로 떠오르며, 프로이센 왕족 호엔촐레른 가문의 레오폴드Leopold von Hohenzollern-Sigmaringen가 그 후보에 올랐다. 하지만 나폴레옹 3세는 이를 도저히 용납할 수 없었다. 레오폴드가 국왕이라도 되는 날에는 세력을 확장하는 프로이센과 스페인에 프랑스가 포위되어 버리기 때문이다.

1869년 봄, 비스마르크의 매수공작으로 스페인 사절이 프로이센을 방문했다. 프랑스는 이 만남을 적극 반대했지만, 비스마르크가 거절하면서 양국의 관계는 완전히 틀어졌다.

1870년에 프로이센 국왕의 허가를 받은 레오폴드는 스페인 왕위에 오르는 것을 받아들이기로 했다. 그러나 프랑스의 거센 반발로 레오폴드는 스페인 왕위를 포기한다. 이는 비스마르크가 외교 싸움에서 패배한 것이나 다름없었다.

프로이센 왕의 전보를 조작하여 전쟁을 꾀하다

그래도 안심할 수 없었던 프랑스는 스페인 왕위를 호엔촐레른 가문에 물려주지 않겠다는 확약을 받기 위해 독일 서부의 온천지 엠스에서 요양 중이던 프로이센 왕에게 대사를 파견한다. 대사는 회견을 요청했으나, 국왕은 정중하게 거부하고 일의 경위를 베를린에 있는 비스마르크에게 전보로 알렸다.

비스마르크는 전보의 내용을 조작해 "프랑스 대사가 프로이센 국왕을 위협하여 국왕이 대사를 되돌려 보냈다"라며 이를 언

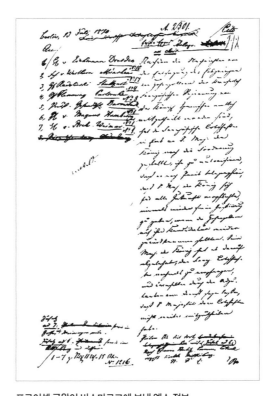

프로이센 국왕이 비스마르크에 보낸 엠스 전보
비스마르크는 전보의 일부를 의도적으로 생략하고 공표했기 때문에
여론은 단숨에 전쟁 쪽으로 기울었다.

론에 공표했다. 그 일로 독일 전역에서 프랑스에 대한 분노가 확
산되었다. 프랑스에서도 대사가 받은 치욕에 발끈하며 전쟁을
촉구하는 여론이 들끓었다. 이에 프랑스 의회는 프로이센과의
전쟁을 결심한다.

프로이센은 어쩔 수 없이 전쟁에 응한다는 태도를 취했지만, 이 모든 건 비스마르크가 바라던 바였다. 그리하여 1870년 프로이센-프랑스 전쟁이 발발한다.

차근차근 전쟁 준비를 해온 프로이센은 미처 전투 태세를 갖추지 못한 나폴레옹 3세를 무찌르고 승리를 거두었다. 프로이센은 독일 남부 지역을 통합하고 베르사유 가조약을 체결한다. 그리고 프랑크푸르트 강화 회의에서 프랑스로부터 철광석과 석탄이 풍부한 알자스로렌 지방을 할양받고 배상금을 받아냈다. 결국 모든 것은 비스마르크의 뜻대로 흘러갔다.

chapter 20

드레퓌스 사건이라는 세기의 누명 사건은 왜 일어났을까

반독일 선전에 유대인을 이용하다

　나폴레옹 3세가 몰락하고 프랑스에서는 1875년 왕당파와의
타협 아래 이원제 의회에 의한 제3공화제가 성립되었다. 독일의
비스마르크는 자국의 안전을 도모하고 1873년에 오스트리아, 러
시아와 삼자동맹을 맺어 프랑스를 고립시켰다. 프랑스는 알자스
로렌 지방을 상실하고 고액의 배상금을 지불하는 바람에 경제가
매우 악화된 상황이었다.

　그러한 가운데 로스차일드 등의 유대계 금융 자본은 민간 자
본을 모아 동유럽 투자를 진행했다. 그런데 1882년 금융 공황이
발생하면서 투자 은행이 파산하자 자산을 잃은 사람들 사이에서
반(反)유대 경향이 강하게 나타났다.

그에 반해 군부와 보수파는 국가주의와 반독일주의를 부추겼다. 1880년대 후반에 이르러서는 독일에 대한 보복을 주창하여 복수의 장군으로 추앙받은 불랑제 장군이 독재 정권을 세우려다 실패하자 정부는 그를 예비역으로 편입해버린다(불랑제 사건).

하지만 연립 정권은 정리되지 않아 상황은 어수선했고 야당도 이합집산을 반복하며 점점 무력해졌다. 불랑제파는 장군을 추대하여 쿠데타를 기도하지만 불랑제의 힘이 너무 약해진 탓에 계획은 물거품으로 돌아가고 불랑제는 벨기에로 망명한다.

이처럼 정치 불안이 계속되는 가운데 1894년 유대인을 희생양으로 삼은 드레퓌스 사건이 일어난다. 1894년, 프랑스 육군 정보부는 주재 독일 대사관에서 "프랑스군 중에 독일의 스파이가 있다"라는 메모를 발견한다. 이후 조사 과정에서 메모 글씨와 필적이 비슷하다는 이유로 참모 본부 포병 대위인 유대인 드레퓌스가 범인으로 체포된다.

날조 사건과 싸운 문호 에밀 졸라

반유대주의 신문 측에서는 군부가 드레퓌스가 스파이라는 사실을 숨기며 유대인을 감싸고 있다는 가짜뉴스를 내보낸다. 이에 당황한 군부는 증거가 불충분한데도 드레퓌스를 군법 회의에 회부해 유죄를 선고하고 남미 기아나 앞바다에 유배를 보낸다.

그러자 1898년에 작가 에밀 졸라가 〈르로르〉 지면에 대통령에 대한 공개편지 '나는 고발한다'를 기고하고, 군부 비리와 흑색 선전을 규탄했다. 그는 다음과 같은 주장을 펼쳤다.

"내가 고발한 자들에 관한 한, 나는 그들이
누군지도 알지 못하며 단 한 번도 만난 적도 없습니다.
그러니 그들에게 원망도, 증오도 품을 리 없겠지요.
하지만 내 눈에 그들은 사회악의 표상이자 실체입니다.
나의 행동은 오로지 진리와 정의의 폭발을
앞당기려는 혁명적인 첫걸음에 불과합니다.
인류의 고통과 그로 인한 인내는 오랜 세월 지속되었고,
바야흐로 인간은 행복할 권리를 지니게 되었습니다.
나는 전 인류의 이름으로 진실의 빛을 열망할 뿐입니다.
이 불타는 항의는 내 영혼의 외침입니다.
그들이 나를 법정에 세우려 하거든 그리해주십시오.
부디 조사는 백주의 태양 빛 아래에서 해주십시오."

그는 결국 가짜뉴스로 인한 인권 침해에 강력히 반대한 것이

다. 에밀 졸라의 '원죄를 용서하지 않겠다'는 호소는 군부의 체면을 위해 드레퓌스의 인권과 명예를 짓밟는 행위를 용서치 않겠다는 여론을 더더욱 들끓게 했고 정치적 대립은 한층 심화되었다. 에밀 졸라는 비난과 모략 속에서 일시적으로 영국에 망명했지만, 인권과 공정한 프랑스 사회를 위한 싸움은 멈추지 않았다.

드레퓌스 문제는 곧 자유와 민주주의를 지키느냐의 문제로 바뀌어 프랑스 사회를 양분한다. 수상은 이 일을 얼렁뚱땅 수습하기 위해 특사로 드레퓌스를 석방하였다. 드레퓌스는 이후 계속해서 무죄를 호소하여 1905년 마침내 무죄 선고를 얻어냈다.

유대인 기자의 실망감에서 비롯된 시오니즘

드레퓌스 사건은 또 하나의 커다란 사회운동을 이끌어냈다. 유대계 오스트리아인 신문 기자 헤르츨Theodor Herzl은 프랑스에 파견되어 드레퓌스 사건을 취재하다가 프랑스의 지나친 반유대 감정에 충격을 받는다. 유대인에 대한 편견과 차별이 너무나 뿌리 깊은 데다 사사건건 유대인 박해 선동이 조직되며 거기에 대중이 동조하는 모습에 실망했다.

헤르츨은 유대인들이 이런 상황에서 벗어나는 길은 법으로 보장된 유대인의 민족적 고향을 팔레스타인에 세우는 방법밖에 없다고 생각했다. 유대인이 민족적 고향을 만들려는 운동을 당시 '시오니즘'이라 불렀다. 시오니즘의 시온은 이스라엘 왕국의 수도가 있던 예루살렘의 왕궁 토지를 말한다.

운동은 처음에는 유럽 외의 아르헨티나와 우간다에 토지를 구입하여 이주하려는 현실적인 모습을 띠었다. 하지만 열성적인 유대교도가 이를 받아들이지 않아서 유대교의 발상지인 '시온의 언덕'으로 돌아가자는 형태로 굳어졌다. 그 운동을 경제적으로 뒷받침한 이가 유대계 금융 자본가 로스차일드였다.

제1차 세계대전으로 군비 조달에 시달리고 있었던 영국 정부는, 외교부 장관 아서 밸푸어Arthur Balfour의 이름으로, 1917년 로스차일드 가문의 당주 라이오넬Baron Lionel de Rothschild 경에게 영국 정부가 시오니즘을 지지하고 있다고 밝혔다.

영국을 든든히 등에 업고 시오니즘은 빠르게 진행되었다. 제1차 세계대전 후 팔레스타인이 영국의 신탁통치령이 되면서 그곳으로 유대인의 대규모 이주가 진행되었다. 이윽고 제2차 세계대전 후에는 미국의 지원을 받아 이스라엘이 성립되기에 이른다.

chapter 21

신문의 날조 기사 탓에
불붙은 미서전쟁

왜 미국과 스페인은 대립하였는가?

19세기 후반, 미국에서도 산업혁명이 진행되었다. 이에 미국의 남부 농업지대와 북부 공업지대를 잇는 쿠바와 플로리다 반도 사이의 플로리다 해협이 중요해졌다. 쿠바와 유카탄 반도 사이의 유카탄 해협 또한 중남미에서 농산물이 운반되는 주요 항로가 되었다.

미국은 전략가 마한Alfred Thayer Mahan의 의견을 토대로 해양 진출을 중시했다. 대서양과 태평양을 잇는 파나마 운하 건설 계획을 진행시키는 가운데 카리브해와 멕시코만 지배의 중심이었던 쿠바의 전략적 중요성이 부각되었다.

하지만 대항해 시대 이후 카리브해와 멕시코만은 줄곧 스페인의 바다였고 쿠바도 스페인의 식민지였다. 그 때문에 쿠바를 둘러싼 미국과 스페인 싸움이 격화되었다.

미국은 몇 번이나 스페인에 쿠바 매각을 요청했지만, 스페인이 이에 응하지 않자 미국은 물리력을 동원해서라도 빼앗겠다는 정책으로 돌아섰다. 또 미국 투자자들은 쿠바 설탕 산업에 눈독을 들였다. 쿠바만으로도 미국 설탕 물량을 충분히 조달할 수 있다며 적극적으로 경제 진출을 추진했다.

그러다 1868년부터 이어온 쿠바 독립군의 활동이 활발해지면서 1898년에 이르러 쿠바의 절반을 지배하게 된다. 이때가 절호의 기회라고 여긴 미국은 쿠바 내 미국 국민의 자산을 보호한다는 명분으로 하나바 항에 최신예함 메인호를 보냈다. 그런데 의문의 폭발 사고로 배가 침몰하여 266명의 승무원이 목숨을 잃는 사건이 발생한다. 이 사건이 도화선이 되어 일어난 것이 바로 미서전쟁이다.

옐로 저널리즘이 전쟁의 서막을 열다

1890년대 미국에서는 신문이 광고 매체로 대중화된 시대로 접어들었다. 각 신문사는 정확한 정보를 제공하기보다, 오로지 신문 판매량 늘리기에 혈안이 되어 있었다. 그래서 각 신문사는 가십이나 스포츠, 연예 정보 따위에 중점을 두며 판매 부수 늘리기 경쟁에 급급했다.

그런 신문을 옐로 저널리즘이라고 한다. 옐로 저널리즘이라는 말은 조셉 퓰리처Joseph Pulitzer가 발행한 〈뉴욕 월드〉와 윌리엄 랜돌프 허스트William Randolph Hearst가 발행한 〈뉴욕 저널 아메리칸〉이 판매 부수를 늘리려고 인기 만화 '옐로 키드'의 연재를 둘러싸고 치열하게 경쟁했던 데서 유래한다.

메인호 폭침 사건이 일어나자 두 신문을 비롯한 대중 신문은 스페인인이 이 사건과 관련 있다고 일방적으로 몰아붙였다. '메인호를 추념하라'느니 '끝장난 스페인'이라느니 자극적인 제목의 기사를 게재했다.

신문사들은 오로지 판매 부수를 늘리기 위해 서로 경쟁하듯 전쟁을 부추기는 기사를 써댈 뿐이었다. 그렇게 대중들 관심 끌기에 성공한 메인호 사건은 최대 이슈가 되었고, 어마어마한 양의 기사들이 날조되었다.

사건의 원인은 좀처럼 밝혀지지 않았다. 퓰리처와 허스트는 이것도 꼬투리 삼아 선정적인 기사를 만들어내며 전쟁을 부추겼다. '스페인인은 야만인이고 살인자다', '스페인인을 지옥으로 떨어뜨리자'라는 식의 구호를 반복해서 내보냄으로써 대중을 분노케 한

19세기 후반 미국

알래스카

영국령 캐나다

(1883년)
(1869년)
(1880년)
(1883년)

샌프란시스코
로스엔젤레스
미합중국
워싱턴
미서전쟁
(1898년)

대서양

프런티어 소멸
(1890년)

멕시코만
쿠바
푸에르토리코
카리브해

하와이제도

필리핀 괌

파나마 운하 개통
(1914년)

파나마
베네수엘라
콜롬비아
페루
브라질

(   ) 철도 개통 연도

것이다.

옐로 저널리즘의 언론 조작은 그동안 역대 정치인들도 완수하지 못했던 스페인과의 전쟁을 1898년 4월 현실화시켰다. 그로부터 4개월 동안 미서전쟁이 전개되었다.

이 전쟁에서 미국은 쿠바를 보호국으로 삼고, 푸에르토리코를 손에 넣었으며, 카리브해와 멕시코만을 미국의 앞바다로 만들었

다. 그리고 스페인 식민지였던 필리핀과 괌을 차지하면서 태평
양 진출까지도 단번에 현실로 이루어냈다.

chapter 22

독일 황제 빌헬름 2세는
왜 '황화론'을 부채질했는가

빌헬름 2세의 야망

코로나19를 계기로 서양에서 중국, 한국, 일본에 대한 '황화론 Yellow Peril'이 매우 짙어질 것이라 예상하고 있다. 황화론이란 백인 국가에서 나타난 황색 인종 위협론, 혹은 인종차별을 부추기는 유언비어다. 19세기 말, 일본이 두각을 나타내자 백인이 자신들의 우위가 위협받을까 두려워 만들어낸 말이다.

청일전쟁(1894~1895년)에서 일본이 승리하고 대륙으로 진출하자 독일에서는 이를 두려워한 나머지 신문, 잡지 등의 매체를 통해 황화론을 퍼뜨렸다. 시모노세키 조약으로 일본이 랴오둥 반도와 타이완을 손에 넣으면서 단숨에 동아시아에서의 우위를 확립했다. 그러자 독일 황제 빌헬름 2세는 황화론을 주장하며 러시

빌헬름 2세의 도안을 바탕으로 그려진 황화의 우의화
오른쪽 끝에 활활 타오르는 불길 속에 부처가 있고, 머리 위에 십자가가 빛나는 고지대에는 서구의
상징인 여신들이 그려져 있다.

아와 프랑스를 꼬드겨 삼국 간섭을 조직했다. 일본으로 하여금
랴오둥 반도를 청나라에 반환하게 함으로써 삼국이 각각 중국에
서 이권을 챙겨간 것이다.

빌헬름 2세는 미국의 전략가 마한의 해양 전략론을 도입하여
강력한 해양력Sea Power을 가진 해양 제국으로 변신해 영국의 해양
패권에 도전장을 내밀고자 했다. 그는 황화론을 통해 그때까지
범슬라브주의를 내세우며 독일의 범게르만주의에 맞서던 러시

아를 동아시아의 랴오둥 반도와 한반도에 묶어두고 러시아와 군사동맹을 맺은 프랑스의 힘을 약화시키려 했다.

1895년 빌헬름 2세는 "유럽의 민족들이여, 그대들의 가장 신성한 보물을 지켜라"라는 우의allegory를 러시아 황제 니콜라이 2세에게 주었고, 프랑스 대통령과 미국 대통령에게도 복제본을 보내 황화론을 보급하느라 정신이 없었다.

1902년 영일동맹이 성립하고 1904년 러일전쟁이 터지자, 빌헬름 2세는 미국의 시어도어 루스벨트Theodore Roosevelt 대통령에게 이 전쟁이 백인과 황인 사이의 인종전쟁이라고 주장했다. 1905년 포츠머스 조약이 체결되자, 그는 미국으로 하여금 열강 간의 중국 문호 개방 정책을 무너뜨릴지도 모르는 일본을 견제했다.

이민자에게 튄 황화론 불똥

하와이 사탕수수 노동자로 일본인의 미국 이민이 시작되었고, 20세기에 접어들면서 서해안 캘리포니아로 수많은 이민자가 몰려들었다. 미국에는 미서전쟁, 하와이의 병합, 1914년 파나마 운하 개통 등을 통해 태평양에서 중국으로 진출하는 외교 전략이 펼쳐지고 있었다. 중국이라는 거대 시장을 겨냥한 것이다.

러일전쟁에 즈음하여 독일은 수십 종의 팸플릿을 미국에 배포하여 영일동맹을 맺은 일본에 대한 경계를 부추긴다. 빌헬름 2세는 독일에 대한 미국인의 경계를 약화시키고, 러시아를 지원하며 백인이 힘을 합쳐 일본과 싸울 것을 제창했다. 1905년에는 러일전쟁에서 일본인이 승리하자 황화론은 힘을 얻게 된다.

한편 캘리포니아에서는 값싼 임금으로 성실하게 일하는 일본인의 이민을 배척하는 움직임이, 대립 관계에 있던 아일랜드계 백인을 중심으로 강하게 나타났다. 아시아인의 야만적인 풍습 때문에 백인 사회가 파괴될 것이라는 주장이었다. 여기에는 독일의 빌헬름 2세의 황화론도 큰 영향을 미쳤다. 러시아를 이긴 일본은 인종적·군사적 적이며 미국의 서해안이 일본인에게 점령되고 말았다는 정보를 내보내며 선동을 부채질했다.

1906년 샌프란시스코에서 일본인 아동의 공립학교 입학이 거부되자 일본에서는 그에 대한 반발이 일파만파 퍼져나갔다. 루스벨트 대통령의 중재로 반발은 일시적이나마 진정되었지만 분쟁은 계속되었다.

1913년에 황화론의 영향을 받은 캘리포니아주 의회가 '캘리포니아 외국인 토지법'이라는 배일排日 토지법을 채택하여 일본인계 외국인이 토지를 소유하지 못하도록 만들었다. 일본에서는 미일전쟁을 벌이자는 소리까지 나왔다.

제1차 세계대전 직후에는 유대인의 대거 이민, 이탈리아와 동유럽에서의 빈곤층 이주가 위기감을 불러일으켜 이민을 제한하려는 움직임이 더더욱 강해졌다. 그 결과 1924년에는 이민 금지법이 제정되어 일본인의 이민이 완전히 차단되기에 이르렀다.

chapter 23

영국의 삼중 외교와
아라비아 로렌스의 고뇌

대 튀르크 전쟁, 아랍인을 동원하라!

제1차 세계대전은 오스만 제국을 둘러싼 독일과 영국의 전쟁이기도 했다. 당시 오스만 제국은 붕괴 직전이어서 '빈사 상태의 환자'라고 조롱받고 있던 상태였다.

당시에는 인도양을 둘러싸고 3C정책(케이프타운, 카이로, 캘커타를 연결하는 영국의 식민지 확대 정책_옮긴이)을 내세운 영국이 패권을 쥐고 있었다. 독일은 오스만 제국을 둘러싸고 3B정책(베를린, 비잔티움, 바그다드를 연결하는 철도부설과 그 주변의 이권 개발을 목표로 독일이 행한 제국주의 정책_옮긴이)을 통해 인도양을 둘러싼 영국의 패권에 도전했다. 외교적으로 우위를 차지했던 영국은 프랑스, 러시아, 일본과 동맹을 맺어 독일에 대한 포위 체제를 굳힌다.

독일과 영국의 대립은 보스니아 사라예보에서 일어난 오스트리아 왕세자 부부 암살 사건으로 인해 제1차 세계대전으로 이어진다.

세계대전에서 범터키주의를 채택한 오스만 제국은 러시아로부터 중앙아시아의 튀르크인을 해방시키기 위해 독일 편에 서서 참전했다. 한편 영국의 처칠은 이스탄불을 점령하기 위해 에게 해에서 다르다넬스 해협 인구에 위치한 갈리폴리 반도에 상륙하려 했으나 실패하여 작전을 부득이하게 변경해야만 했다.

그래서 영국은 오스만 제국의 지배 아래 있던 아랍인의 힘을 대 튀르크 전쟁에 이용하기 위해 아랍인의 지도자 후세인과 이집트 주재 영국의 고등 판무관 맥마흔 사이에 전후 아랍국가의 독립을 약속했다(1915년 후세인-맥마흔 협정).

이듬해에 중동 전문가이자 젊은 고고학자 토머스 에드워드 로렌스Thomas Edward Lawrence를 정보국 장교로 하여, 오스만 제국군과 싸우는 아랍군의 지도자 파이살Faisal bin Abdulaziz Al Saud과 접촉하게 한다.

로렌스는 아랍 게릴라 부대와 함께 오스만 제국의 아라비아 반도 지배의 중심이 되었던 헤자즈 철도(시리아 다마스쿠스와 메디나를 연결) 연선에서 게릴라전을 펼치며 철도를 폭파하는 부대를 조직했다.

영국은 오스만 제국이 헤자즈 철도를 방위하는 데 집중하면, 영국군의 수에즈 운하 방위 부담을 줄일 수 있겠다는 계산을 하고 있었던 것이다.

영국에 배신당한 아랍인

1916년 영국의 중동 전문가 사이크스Sir Percy Molseworth Sykes는 프랑스 외교관 피코François Georges-Picot와 사이크스-피코 비밀 협정을 맺어 아랍 지역을 두고 프랑스, 영국, 러시아의 세력권 분할을 약속했다. 영국은 후세인과 파이살의 약속을 이행할 생각이 없었던 것이다.

또 영국의 외무 장관 밸푸어가 중동에 석유 이권을 가진 시오니스트 연맹 회장 로스차일드에게 서한을 보내, 전후에 유대인들이 팔레스타인으로 돌아가는 것을 지지한다고 약속했다(1917년 밸푸어 선언). 유대인 금융 자본가로부터 전쟁 비용을 융자받기 위해서였다. 하지만 아랍인은 팔레스타인을 그들의 지배지로 생각하고 있었기 때문에, 이러한 영국의 외교는 아랍인을 안중에 두지 않은 결과였다. 영국 외교는 성공적이었지만, 제1차 세계대전 중에 러시아에서 사회주의 혁명(11월 혁명)이 일어나면서 모든 것

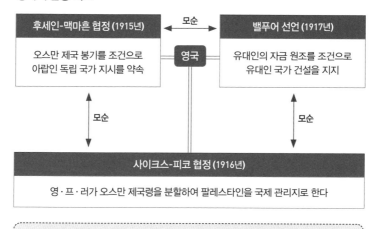

영국의 삼중 외교

후세인-맥마흔 협정 (1915년)	←모순→	밸푸어 선언 (1917년)
오스만 제국 봉기를 조건으로 아랍인 독립 국가 지지를 약속	영국	유대인의 자금 원조를 조건으로 유대인 국가 건설을 지지

모순 ↕   모순 ↕

사이크스-피코 협정 (1916년)
영·프·러가 오스만 제국령을 분할하여 팔레스타인을 국제 관리지로 한다

영국이 팔레스타인 지방에 대해 맺은 세 개의 협정(선언)은 서로 모순되는 것으로, 훗날 아랍인과 유대인 사이 분쟁의 원인이 된다.

이 수포로 돌아가 버렸다. 러시아의 혁명 정부가 비밀 조약인 사이크스 피코 조약이 폭로하는 바람에 영국의 삼중 외교가 들통 나면서 국제적으로 비난을 받게 된 것이다.

그 일로 곤경에 처한 이가 있었으니, 그는 오스만 제국에 대한 아랍인의 반란을 지원했던 '아라비아의 로렌스', 영국의 정보국 장교 토머스 에드워드 로렌스였다. 그는 아랍인의 입장에서 싸워왔지만, 영국 본국이 아랍인을 배신해버린 것이다. 그 때문에 로렌스는 아랍인들에게 거짓말을 한 꼴이 되어 버렸다.

로렌스에 대한 상반된 평가

제1차 세계대전 후, 사이크스피코 협정에 따라 아랍 지역은 프랑스(레바논, 시리아)와 영국(요르단, 팔레스타인, 이라크)의 실질적인 식민지가 되었다. 영국에서 로렌스는 아랍 지역 독립에 힘쓴 영웅으로 평가되는 반면, 아랍에서는 영국의 국익을 위해 아랍인을 이용한 인물로 평가된다.

로렌스는 영국의 첩보기관 소속이었다. 거짓이나 속임수는 첩보활동에선 흔한 일이었으므로 로렌스도 고민이 많았을 것이다. 그는 1926년에 저술한 《지혜의 일곱 기둥Seven pillars of wisdom》에서 서양 제국과 아랍 제국의 발상이 달라 서로 이해하지 못하고 있다고 밝혔다.

제1차 세계대전 말, 로렌스의 활동은 미국의 종군 기자 로웰 토마스Lowell Thomas가 알게 되면서 함께한 사진사가 사진과 영상으로 남겼다. 1962년에는 영국과 미국의 합작 영화 〈아라비아의 로렌스〉가 아카데미 작품상과 아카데미 감독상 등을 수상했고, 영화와 함께 로렌스도 세계적인 유명인이 되었다. 로렌스에 대해 좀 더 알고 싶다면, 로버트 그레이브스의 《아라비아의 로렌스》를 참고하길 바란다.

chapter 24

금주법 시대에 편견이 낳은
이민자 누명 사건

이민자 급증이 낳은 공포와 낭설

제1차 세계대전 이후 미국은 채무국에서 세계 최대의 채권국으로 바뀌었고, '황금의 20년대'라고 할 만큼 경제가 급성장했다. 포드의 자동차, 에디슨의 전자제품, 할리우드의 영화, 도시의 고층 건물과 백화점, 농촌에 퍼진 가맹점이 '대중 소비사회'라는 새로운 시대가 열렸음을 알렸다.

그런데 이 시대에는 희한하게도 금주법이 시행되고 있었다. 대공황 직후인 1933년 프랭클린 루스벨트 대통령이 술 제조와 판매를 허가할 때까지 금주법의 시대가 이어졌다. 경제 활황기에 도대체 왜 금주법이 나왔을까? 많은 사람이 의아해하는 것은 당연하다.

청교도의 영향을 강하게 받은 미국에는 원래 금주 운동이 있었지만, 이민자가 점차 늘어나면서 술집이 가난한 이민자들의 집합소나 정치 활동의 거점으로 북새통을 이루면서 다양한 문제를 일으켰다. 그리고 기존의 종교적 금주 단체를 대신하여 반주점 연맹이 금주 운동의 주도적 역할을 하게 되자, 맥주를 좋아하는 독일계 이민은 이에 반발하며 금주법 반대 운동을 펼쳤다.

그런데 제1차 세계대전에서 미국이 독일에 선전포고를 하자, 독일계 회사에서 만들어지는 미국의 주요 맥주는 적국의 음료, 즉 '악'이라는 풍조가 빠르게 퍼져나갔다. 그 때문에 독일계 이민자를 중심으로 한 금주법 반대 운동이 점점 줄어들어 1920년에는 본격적인 금주법이 시행되었다.

'광란의 20년대'라 부르는 1920년대는 캐나다, 멕시코, 쿠바 등지에서 제조된 싸구려 술이 미국에 불법으로 들어오면서 알 카포네 같은 갱단이 판을 치며 엄청난 돈을 벌어들였다.

편견이 초래한 사코 반제티 사건

제1차 세계대전 후 미국은 빈부 격차 확대로 곳곳에서 노동 운동이 발생했다. 미국에서는 가짜뉴스를 이용하여 과격파에 덮

어찌운 뒤 대중에게 사회주의나 아나키즘에 대한 증오심을 키우려는 움직임이 강해졌다.

그러한 배경에는 이탈리아나 동유럽에서 들어온 가난한 이민자의 급증이 있다. 이민자 중에는 사회주의자나 아나키스트가 많아 정부도 경계를 강화하고 있던 차였다. 덧붙이면 아나키즘이란 기존의 국가와 권위를 부정하고 사회 결합을 목표로 하는 운동을 일컫는다.

금주법이 통과된 것도 이민자 급증과 무관하지 않다. 앞서 말했듯이 술집이 정치적 음모의 장이 되고 있다는 위기의식이 팽배해 있었기 때문이다.

1919년부터 이듬해에 걸쳐 매사추세츠주에서 두 건의 강도 살인 사건이 발생한다. 첫 번째는 1919년에 일어난 구두 공장의 현금수송차량 습격 미수 사건, 두 번째는 1920년 4월에 매사추세츠주의 또 다른 구두 공장이 5인조 갱단에게 습격당해 두 명이 사살되고 1만 6,000달러를 강탈당한 사건이다.

바로 그다음 달에 강도 살인 사건의 용의자로 이탈리아 이민자 구두 수선공 니콜라 사코Nicola Sacco와 생선 장수 바르톨로메오 반제티Bartolomeo Vanzetti가 체포됐다. 그들은 1908년 함께 미국으로 입국한 20대 청년으로 영어도 아직 서툴렀다. 확실한 증거가 없음에도 불구하고 그들이 체포된 이유는 미국 당국에서 위험한 조직으로 분류한 과격한 아나키스트 그룹에 속해 있었기 때문이다.

사코는 구두 공장에서 일하는 노동자였고, 반제티는 직장에서 파업을 해 해고된 인텔리로 장래가 유망한 청년이었다고 한다. 두 사람이 제1차 세계대전 징병을 피하고자 멕시코로 도망간 것도 불리하게 작용했다.

아나키스트들은 국가를 위해 싸우는 것을 거부한다. 두 사람은 아나키스트이기 때문에 본보기로 체포되었을 공산이 크다.

빗발친 항의에도 확정된 사형

사코와 반제티는 느닷없는 불법 체포에 항의했지만 소용없는 일이었다. 사건 당시 알리바이를 확인해준 증인도 같은 이탈리아인이라는 이유로 무효 처리되었다. 오히려 담당 검사는 가짜 목격자를 고용해 법정 증인으로 세웠다. 그러다 두 사람이 호신용으로 가지고 다니던 권총이 결정적 증거가 되어 유죄 판결이 났다. 진범을 안다고 자백한 죄수의 증언도 철저히 무시됐다.

1921년 7월 14일 보스턴 교외의 대법원은 두 용의자에게 사형을 선고한다. 판결이 나고 그로부터 3개월 후, 이 부정한 판결에 대한 소식이 보스턴뿐 아니라 미국 전 지역과 유럽 각지에 퍼져 항의가 빗발쳤다.

아나톨 프랑스, 아인슈타인, 버나드 쇼, 허버트 조지 웰스 등 저명인사들이 재심 탄원서에 서명했다. 런던과 파리 등 유럽 도시에서도 대규모 석방 요구 시위가 벌어졌다. 젊은 시절 아나키스트였던 이탈리아 총리 무솔리니도 석방을 요구하는 서한을 미국에 보내고 외교 루트를 통해 석방을 요구했지만 들어주지 않았다.

사형은 확정되었지만 전 세계에서 항의가 쏟아졌기 때문에 형 집행은 장기간 연기되었다. 하지만 재심 심청은 모조리 기각되었다. 1927년 4월 매사추세츠 주지사가 설치한 특별위원회는 국제적인 구명 탄원을 기각하고 사형을 확정한다. 그리고 같은 해 8월, 시민의 습격이 두려워 사형은 삼엄한 경계 속에서 집행되었다. 두 사람은 교도소의 전기의자에서 생을 마감했다.

민주주의의 패배는 제2차 세계대전 후에도

확실한 물적 증거 없이 집행된 사코와 반제티의 사형은 미국 민주주의에 씻을 수 없는 오점이 된 날조Frame Up 사건이었다. 두 아나키스트의 전력에 아나키즘을 혐오한 재판장과 배심원의 선부른 판단으로 사형 판결이 내려진 것으로 여겨진다. 이러한 시대 풍조는 제2차 세계대전 후에도 미국에서 매카시즘이라는 사회주의자 배척운동으로 이어진다.

1971년 줄리아노 몬탈도Giuliano Montaldo 감독이 이탈리아와 프랑스의 합작 영화 〈사코 앤 반제티-사형대의 멜로디Sacco & Vanzetti〉를 제작하면서 세기의 원죄 사건은 전 세계에 알려졌다. 영화에서 가수 존 바에즈Joan Baez가 부른 〈승리의 찬가〉의 첫 소절 "We shall overcome(우리는 이겨낼 거예요)"은 참 인상 깊다. 이 노래는 때마침 포크송이 유행했던 시대였기 때문에 큰 인기를 끌었다.

사형 후 50년이 지난 1977년 매사추세츠 주지사는 사코와 반제티의 재판이 편견과 적의에 사로잡힌 오심이었다며, 이들의 억울함을 밝히고 이들이 처형된 8월 23일을 '사코와 반제티의 날'로 선포했다.

chapter 25

허세 쿠데타로
정권을 잡은 무솔리니

붉은 셔츠단을 따라 한 검은 셔츠단

제1차 세계대전에서 영국 편에 선 이탈리아는 승전국이었다. 하지만 경제가 불안하고, 국가 산업인 관광업도 부진해서 대중의 생활은 단숨에 피폐해졌다. 1920년대가 되자 밀라노와 토리노 등 대도시에서는 대규모 파업과 공장의 투쟁적 근로자들이 확산되며 혁명 전야의 모습을 띠었다. 그러던 차에 전 사회당 당원이었던 초등학교 교사 무솔리니가 전쟁 중에 국가주의로 전향한다. 전후에는 복원 군인, 우익과 짜고 1919년 '이탈리아 전투 파쇼단'을 결성해 의복을 검은 셔츠로 한 행동대(검은 셔츠단)를 조직한다.

검은 셔츠단은 파업 중인 기업에 무력으로 실력을 행사하며,

개인 사업주, 지주, 군부로 세력을 넓혀갔다.

사실 이 검은 셔츠단은 붉은 셔츠단을 베낀 것이었다. 일찍이 이탈리아통일전쟁(1815~1870년) 때 국민 영웅 가리발디Giuseppe Garibaldi가 붉은 셔츠단千人隊이라는 사설 의용군단을 조직해 맹활약을 펼쳤는데 그것을 따라한 것이다.

가리발디는 정육점에서 사용하는 값싼 붉은색 천을 의용병 정복으로 삼았다. 그는 붉은 셔츠단을 이끌고 나폴리 왕국을 점령했다. 그리고는 나폴리를 이탈리아 국왕에게 바치며 기회를 노려 통일을 밀어붙였다. 그 때문에 붉은 셔츠단은 대중에게 찬미의 대상이 된 것이다.

무솔리니는 사병을 조직할 때 붉은 셔츠단의 모습을 따와 검은 셔츠를 입혔다. 이 수법은 '강함과 통제'라는 이미지를 연상케 하는 데 무척 효과적이었다. 훗날 나치 돌격대SA는 이 검은 셔츠단을 따라 갈색 제복으로 맞추고 갈색 셔츠단이라고 명명했다. 그러면서 차츰 대중에게 규율의 효과를 어필하는 제복이 계승되게 된 것이다.

로마 진군은 허세였다

불황과 정치 혼란 속에서 치러진 1921년 선거에서, 파쇼단은 31석을 차지하며 의회 진출을 목표로 '파시스트당'이라고 개칭했다. 하지만 가만히 있으면 더 많은 수의 의석을 확보하기가 어려웠다. 이에 무솔리니가 선택한 것이 바로 허세 쿠데타였다.

이듬해인 1922년, 나폴리에서 열린 파시스트당 대회에서 무솔리니는 정권 양도를 요구하며, 아주 대담하게 검은 셔츠단의 로마 진군에 의한 쿠데타를 결의한다. 참으로 무모했던 쿠데타 예고였다. 하지만 이는 다 허세였다. 검은 셔츠단에게 로마를 제압할 힘 따위가 있을 리 없었다. 실제로는 허술한 총을 가진 대원들이 뿔뿔이 날뛰며 우체국 같은 몇몇 시설을 제압했을 뿐이다.

그러나 무솔리니의 허세를 진심으로 받아들인 총리 팍타Luigi Facta는 계엄령을 내려 검은 셔츠단의 쿠데타에 대비했다. 그에 반해 총리 임명권을 가진 국왕 비토리오 에마누엘레 3세는 계엄령 시행을 불허하고 무솔리니를 총리로 임명했다.

혁명 전야 같은 현 상황을 벗어나기 위해 무솔리니에게 질서의 재편을 맡겨보자고 판단했기 때문이다. 검은 셔츠단을 국방 의용군이라는 이름으로 고치고 보란 듯이 총리 자리를 꿰찬 무솔리니는, 밀라노에서 침대 열차를 타고 로마로 들어갔다.

어깨띠를 비스듬히 메고 행군하는 무솔리니와 검은 셔츠단(1922년)

빠르게 독재 체제 만들기에 돌입한 무솔리니

무솔리니는 민첩하게 움직였다. 그는 아무런 근거도 없이 선거
법을 마음대로 고쳤다. 전국을 하나의 선거구로 하고 4분의 1에
달하는 표를 얻은 정당이 의석의 3분의 2를 차지하도록 했다. 질
서가 안정되려면 우선 의회가 안정되어야 한다는 것이 그의 주
장이었다. 그리고 다음 해 선거에서 파시스트당이 4분의 1 이상
의 표를 확보하여 의회의 3분의 2석을 획득했다. 파시즘이 이탈
리아에서 완전히 승리한 것이다.

그 후, 독재 체제를 강하게 굳힌 파시스트당은 당의 대평의
회를 국가 기관으로 삼아 의회의 힘을 죽이고 파시스트당이 모
든 당을 총괄하는 독재 체제를 완성시켰다. 허세 쿠데타를 변곡
점으로 이탈리아는 완전히 점령되고 말았다. 무솔리니는 다음과
같이 주장했다.

- 단순히 숫자로 인류 사회를 지배하는 것을 부정한다.
- 인간에게 본래 만연히 존재했던 불평등을 승인한다.
- 인간은 보통 선거와 같은 외부적, 기계적 사실로 결코 평등
  화될 수 없다.
- 민주주의 정치는 실제로는 무책임하고 은밀한 힘 속에 주권
  이 존재함에도 불구하고 민중에게 주권자라는 환상을 품게
  하는 정치다. (구시마 가네사부로 《파시즘》 중에서)

분명 의회 제도는 제대로 된 선거가 치러지지 않으면 유명무
실해질 위험성을 늘 안고 있다. 의원이라는 특권을 가진 자들은
그 지위를 유지하는 데만 급급하기 때문에, 선거의 공정성이 왜곡
되기 쉽다. 그렇게 되면 포퓰리즘이 등장할 여지가 생긴다. 각별
히 주의하지 않으면 민주주의는 언제 빈껍데기가 될지 모른다.

chapter 26

나치의 자작극, 국회의사당 방화 사건으로 독재 체제를 굳히다

국회의사당에 불 지르고 공산당에 덮어씌우다

1929년 미국발 대공황의 여파는 오스트리아까지 뻗어나갔다. 1931년 5월 오스트리아 최대 은행이 파산함으로써 독일 전역에 영향을 미쳤다. 전후 미국에 부채와 고액의 배상금을 지고 있던 독일 경제는 크게 흔들렸다. 독일에게서 배상금을 받을 수 없게 된 프랑스와 영국 경제도 파탄에 이르긴 마찬가지였다.

독일의 실업자 비율은 1931년에 34.7%, 1932년에는 44.4%로 가파르게 상승하며, 종국에는 600만 명의 실업자가 발생했다. 하지만 사회민주당과 공산당 등은 적절한 대응책을 마련하지 못한 채 점점 대중의 지지를 잃어갔다. 대중은 빵과 희망을 원했는데, 이론과 논란밖에 주지 않았다. 이는 정당에 마땅히 따져 물어야

방화 사건으로 불타는 독일 국회의사당(1933년)

할 일이다.

그런 상황에서 베르사유 조약 반대, 독일 민족의 우월함, 동유
럽 생존권을 설파하는 나치(국가사회주의 노동자당)가 히틀러의 연
설로 실업자와 농민, 중소상공업자의 마음을 사로잡았다.

히틀러는 국민에게 일자리와 빵을 주겠다고 약속했다. 공리공론이 아니라 당장의 실생활을 보장하는 말들이었기에 설득력을 얻었다. 1930년 선거에서 나치는 제2당으로 약진했다. 1932년에는 제1당에 오르면서 이윽고 1933년 히틀러 내각이 성립됐다.

그러던 1933년 2월 27일, 갑자기 국회의사당에 불이 나는 초대형 사건이 벌어진다. 이른바 국회 방화 사건으로 범인은 네덜란드 공산당원이었기 때문에 독일 공산당에 비난이 물밀듯이 쏟아졌다. 이 사건으로 긴급 대통령령이 내려졌다. 그리고 4,000명 이상의 공산당원이 체포되었다. 국회에서는 89명의 공산당 의원이 추방되었으며 새로운 의회 의석의 과반수를 나치가 차지하게 되었다. 그리고 히틀러가 총리 자리를 꿰찼다.

국회의사당 방화 사건은 독일 정치계의 판도를 180도 바꿔놓았다. 그런데 훗날 이 사건은 나치 수뇌부의 계략으로 밝혀졌다. 모략과 속임수로 나치에 유리한 정치 상황이 단번에 만들어진 것이다.

거짓말을 하려거든 큰 거짓말을 할 것

히틀러는 그의 저서 《나의 투쟁Mein Kampf Adolf Hitler》에서 데마고기demagogy(대중에 대한 거짓된 정치 조작)를 다음과 같이 서술하며 자신의 속내를 드러냈다.

"거짓말을 하려거든 큰 거짓말을 해라.
큰 거짓말에는 반드시 사람을 믿게 하는 힘이 있다.
단순한 마음으로 소박하게 하는 작은 거짓말은
그들도 종종 하는 일이다. 허나 엄청난 속임수는
부끄럽게 여기며 쉽사리 항의하지 못하므로,
오히려 작은 거짓말보다 큰 거짓말에 속아 넘어가기 쉽다.
그들에게 있어서 거대한 거짓말을 꾸며낸다는 건
미처 상상도 못 할 일일 테고, 비열하게 진실을 왜곡할 만큼
뻔뻔한 사람이 있다는 걸 감히 믿지도 못할 것이다."

나치는 이듬해 3월 전권 위임법(정식 명칭은 '민족 및 국가의 위난을 제거하기 위한 법률')을 제정한다. 그 내용은 다음과 같다.

"독일의 법률은 헌법에 규정되어 있는 절차 외에
독일 정부에 의해서도 제정될 수 있다.
독일 정부에 의해 제정된 법률은 독일 총리에 의해 작성되고
독일 관보를 통해 공포된다. 이 법은 특별한 규정이 없는 한
공포한 날로부터 그 효력이 발생한다."

이 법률의 제정으로 나치 정부는 독재 체제를 확립하고, 의회 민주주의에 기반한 바이마르 공화국은 붕괴되었다.

아우토반 건설부터 수정의 밤까지

1933년 5월, 히틀러는 재계의 지원을 받아 전체 길이 7,000킬로미터에 달하는 제국 아우토반 계획을 공표했다. 트럭과 자동차를 주역으로 교통 혁명을 실현하고자 한 것이다. 그리고 자동차 산업 육성(폭스바겐 자동차 회사 건설) 같은 대규모 공공투자를 통해 독일 경제를 기적처럼 부활시켰다.

그때까지 의회를 지배했던 사회민주당과 공산당은 독일 경제의 위기와 피폐해진 대중의 삶에 대한 구제책을 마련하지 못했기 때문에 나치의 인기는 하늘을 찌르며 독일에 뿌리내리게 된다. 그 후 재군비를 추진한 나치는 군수 산업을 육성하면서 실업자를 흡수해나간다. 그러나 제2차 세계대전 이후에나 폭스바겐이 아우토반을 달릴 수 있었다.

한편 대중의 정치적 불만을 유대인 박해로 유인하려 했던 나치는 1935년에 '독일인 혈통 및 명예 보호법'을 제정하여 반유대 정책을 추진했다. 1938년 파리에서 독일 대사관원이 유대인 소

아우토반 기공식에서 연설하는 히틀러(1934년)

년에게 살해되는 사건이 일어나자, 나치는 그 사건을 이용해 대량의 가짜뉴스를 흘렸다. 그러면서 대중에게 유대인에 대한 보복을 부추겼다.

하룻밤 새 독일 전역의 유대교 교회가 불타고 7,500개 유대인 상점이 파괴되었다. 깨진 유리 조각들이 길 위에서 수정처럼 빛난다고 하여 훗날 괴벨스가 '수정의 밤'이라고 명명하였다.

이후 독일 내 유대인의 사회적 지위는 나락으로 떨어지고 홀로코스트로 치닫게 된다.

대중 조작의 천재 괴벨스

1933년부터 1945년까지 나치 정권에서 가짜뉴스를 통한 대중 조작 책임자를 맡은 사람은 선전장관이었던 괴벨스Paul Joseph Goebbels였다. 그의 정보 전략 기본은 "사람들은 큰 거짓말을 믿기 마련이다. 거짓말도 100번 주장하면 끝내는 모든 사람이 그것을 진실로 받아들인다"였다.

전쟁은 상황을 극한으로 몰고 가지만, 수많은 미디어를 동원해 반복적으로 가짜뉴스를 내보내 사람들의 의견을 특정 방향으로 몰아가는 방법은 폭력을 쓰지 않고도 특정 정치 이데올로기를 대중에게 침투시킬 수 있다는 것이었다. 괴벨스는 "선전은 학식 있는 지식인이 아니라, 어디까지나 대중에게만 행사해야 한다"고 말했다.

페드로 바뇨스Pedro Banos가 저술한 《그들은 세상을 어떻게 지배하는가How they rule the world》에 따르면 프로파간다의 원칙으로 첫째 단순화하여 적을 몰아붙인다, 둘째 범주화한다, 셋째 과장하고 왜곡한다, 넷째 세속화하고 대중화한다, 다섯째 조직화하고 반복한다, 여섯째 정보를 갱신한다, 일곱째 신빙성을 부여한다, 여덟째 불편한 뉴스는 숨긴다, 아홉째 오래된 신화와 증오, 편견 등은 재탕한다, 열 번째 전원을 일치한다 등을 거론한다.

이러한 수법은 대중을 저도 모르게 세뇌시킨다. 정보기술이 한층 진화된 오늘날에는 더욱더 교묘하게 대중을 조종한다. 가짜뉴스가 상품 선전에도 사용되면서 진위를 가리기는 점점 더 어려워지고 있다.

독소전쟁은 지독히 이기적인 주장에서 비롯되었다

나치는 독일의 과잉 인구를 이주시키기 위한 토지가 필요하다고 제창했다. 히틀러도 《나의 투쟁》에서 동부에 생존권을 확보하자고 주장했다.

그러던 가운데 나치는 한 달 만에 소련군을 정복할 수 있다고 호언장담하며 1941년 독소전쟁을 일으켰다. 1942년 히틀러는 장교 후보자를 위한 비공개 강연에서 동방에서 몰려오는 아시아 내륙인과 그 배후에 있는 국제 유대인에 대항하기 위해서는 독일이 일정 생존권을 확보하여 지도적 대국이 되어야 한다고 주장했다. 나치 정권이 러시아인에 대해 갖는 생각은 다음과 같았다.

"러시아인들은 독일 이민자와는 전혀 다른 세계에
살게 하고 아무런 문명 시설도 주지 말고 방치한다.

그들은 단지 독일인에게 무조건적인 복종만 하면 된다.

만약 그들이 혁명을 일으킨다면 그 마을에

두세 개의 폭탄을 던져 마을과 함께 전멸시켜야 할 것이다."

인종적 우월 의식에서 나온 말이겠지만, 믿을 수 없을 만큼 터무니없는 주장이다. 기가 막힐 정도의 이기적인 주장이지만, 대중이 당연하다고 생각될 만큼 교묘한 조작을 거듭한 결과, 독일 대중이 러시아를 바라보는 시선은 진짜로 왜곡되고 말았다.

chapter 27

통킹만 사건이라는
모략과 미군의 폭격

미국은 무엇이 두려워 베트남전에 개입했는가

　1960년 남베트남 공산 세력 조직인 남베트남 민족해방전선(베트콩)이 결성되어 남베트남과의 전투가 격화되었다. 미국은 1953년, 부통령 닉슨의 연설에서 제시한 '도미노 이론'에 입각하여 베트남공화국(남베트남)을 군사 지원하고 남베트남 민족해방전선을 탄압함으로써 전쟁에 개입하기로 한다. 그 내용은 다음과 같다.

　"만약 인도차이나가 함락되면 태국은
거의 어찌할 수 없는 입장에 놓인다.
말라야의 쌀과 주석에 대해서도 마찬가지다.
인도네시아에 대해서도 동일하다.

이 동남아시아 전역이 공산주의 지배하에 놓이거나
영향을 받게 되면, 생존하기 위해 이 지역과 교역해야만 하는
국가도 불가피하게 공산주의 체제로 갈 수밖에 없다."

이에 반해 북베트남과 중국, 소련은 남베트남 민족해방전선을 지지했다. 베트남전은 두 체제 간의 대리전쟁 같은 양상을 띠었다. 전세가 악화되면서 미국 내에서 이길 수 없는 전쟁은 그만두라는 정부 비판이 거세지자, 베트남전 패배를 피하려는 존슨 대통령은 전쟁 확대를 도모한다.

그러나 공화당과 국내 반전쟁 세력은 확전에 결사반대했다. 그래서 여론을 전환시킬 무언가가 필요했다. 그리하여 조작된 것이 '통킹만 사건'이다.

가짜뉴스로 전면전에 돌입

"북베트남 수도 하노이의 북쪽 통킹만 공해상에서
정보 수집 중에 있던 미국의 구축함 매덕스 호가
북베트남 어뢰정이 발사한 2발의 어뢰 공격을 받았다."

1964년 8월, 위와 같은 가짜뉴스가 공개되자 미군은 이에 대한 보복으로 북베트남의 여러 곳에 폭격을 가했다. 그것은 미군이 북베트남을 직접 공격한다는 결정적 확전 행위의 시초가 되었다.

존슨 대통령은 가짜뉴스를 전제로, 무력행사를 포함한 모든 수단을 취할 일체의 권한을 대통령에게 줄 것을 의회에 요구했다. 가짜 정보를 믿고 분노한 의회는 상하원 모두 압도적 다수로 정부의 제안을 가결시켰다. 이에 미군은 폭격에 나섰고, 이로써 북베트남과의 전면전이 시작되었다.

전쟁은 라오스와 캄보디아를 포함한 인도차이나 전역으로 확대되었다. 그런데 1971년 6월, 통킹만 사건에 대해 〈뉴욕타임스〉가 국방부의 비밀 보고서를 빼내 연속 기사로 게재하면서 가짜뉴스였음이 판명되었다.

정부와 국방부, CIA의 치밀한 계획에 따라 가짜뉴스가 조작되어 베트남과의 전면전에 나섰다는 사실이 밝혀졌다. 미국에는 대외 전쟁에 반대하는 공화당이라는 성가신 정치 세력이 존재하기 때문에 전쟁을 시작할 때는 가짜뉴스가 사용되는 경우가 많았다.

비밀 보고서에 따르면 정부가 북베트남 폭격 계획을 세운 것은 통킹만 사건이 발생하기 6개월 전의 일로, 국방부와 CIA가 안

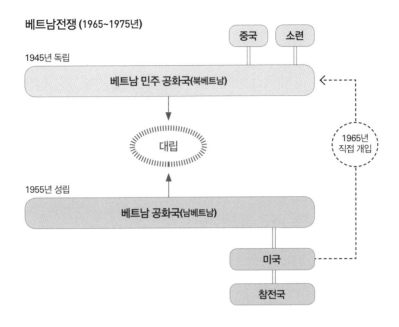

베트남전쟁 (1965~1975년)

1945년 독립

베트남 민주 공화국(북베트남)

중국　소련

대립

1955년 성립

베트남 공화국(남베트남)

미국

참전국

1965년 직접 개입

건을 세우고 주도면밀하게 계획한 일이었기에 사건이 발생하고 12시간 이내에 보복 폭격을 개시할 수 있었다고 되어 있다.

이미 전쟁이 확대된 후였으니, 전쟁이 오보에서 기인했다는 걸 알게 되었어도 사태를 되돌릴 순 없었다. 계획을 꾸민 자들이 작정하고 철저하게 준비를 해왔기 때문에 가짜뉴스라는 것을 간파하는 것은 매우 어려운 일이었을 것이다.

반대로 이라크 전쟁 때에는 사담 후세인 정권이 대량 살상무기를 감추고 있다는 확실한 정보를 입수했다고 하여 전쟁을 벌였지만 실제로는 발견되지 않았다. 즉 엉터리 정보로 인한 작전을 펼친 것이다. 하지만 어쨌든 평범한 사람이 뉴스의 진위를 간파하는 것은 무척 어려운 일이다.

chapter 28

장쩌민은 어떻게 공산당의 입지를 뒤바꿨을까

꽉 막힌 사회주의에서 애국주의로

1949년에 성립된 중화인민공화국의 최대 전환점이 된 것은 덩샤오핑이 펼친 '개혁개방', 즉 공산당이 지도하는 자본주의 경제로의 전환과 공산당 독재의 견고한 유지였다.

중화인민공화국은 1989년 톈안먼 사건에서 정치적 자유를 요구하는 대중을 진압해 공산당 독재를 견지하는 한편, 실질적인 자본주의 경제로의 전환을 목표로 삼았다. 이러한 전환의 배경에는 소련의 사회주의 붕괴와 냉전의 종료가 있었다.

덩샤오핑의 후계자가 된 장쩌민에게는 이런 모순적인 체제를 설명하기 위한 새로운 역사상歷史像을 제시할 필요가 있었다. 예로부터 중국은 체제의 유래나 의의를 나타내는 역사를 중요시

여겨왔다.

중국 대중의 세계관을 바꾸기 위해서는 중국인의 사고 틀을 이루는 역사상의 전환이 필요하다. 중일전쟁 같은 개별 사건의 평가도 물론 중요하지만, 중국의 근현대사를 이끌어갈 장대한 스토리가 있어야 했다.

은밀하게 이루어진 공산당 역사상의 대전환은 대중에게는 국가상의 전환이었다고 볼 수 있다. 공산당 독재를 유지하면서 실질적인 자본주의로 전환하는 괴리를 실현하려면 우선 교육체제부터 바꿔야 했다.

중국 중심의 글로벌리즘, 애국주의

왕정汪錚은 《중국의 역사 인식은 어떻게 만들어졌는가》에서 중국 공산당의 역사상 조작에 대해서 이렇게 서술하고 있다.

> "사회를 지배하는 엘리트층은 종종 국가적 기념비를 세우고,
> 그것을 상징으로 삼아 국민의 발자취라는 스토리를
> 사람들에게 기억시키려 한다. 이때 지배층은
> 역사의 어느 부분을 남기고 버릴지 취사선택한다."

한마디로 지배자 마음대로 역사 해석을 달리할 수 있었던 꽉 막힌 사회주의 대신, 장쩌민은 애국주의를 역사상으로 택하며 세계관의 기둥으로 세우고자 했다. 그러나 중국에는 전통적인 왕조 의식은 있었지만, 근대적인 국가 의식은 부족한 상태였다. 왕조의 지배를 받는 신민에서 사회주의 아래 공산당의 지도를 받는 대중으로 변화했을 뿐, 대중이 주권자가 된 역사는 없었던 것이다.

대중의 전통적 사회상은 세계라는 장에서 종족이라는 커다란 혈연 집단이 서로 다투고 있는 모습이다. '国(나라)'와 '民族(민족)'은 영어 'Nation'이 번역된 일본식 한자어로, 근대에 들어서며 중국에 단편적으로 전해졌기 때문에 대중에게 완전히 자리 잡지는 못했다.

대중에게는 전통적인 중화사상과 화이사상이라는 역사의식이 짙게 깔려 있다. 자기 민족을 '세계 중심의 선민選民'이라 여기며 툭하면 자신들의 내셔널리즘을 세계 규모의 내셔널리즘으로 전환한다. 다시 말해 중국의 애국주의는 자국(중화) 중심의 글로벌리즘(오랑캐에 대한 지배)으로 변질되기 쉽다는 이야기다.

진보, 개혁, 평등을 '민족 부흥'으로 슬쩍 바꿔치기하다

2001년 공산당 창립 80주년 기념행사 연설에서 장쩌민은 다음과 같이 과거를 총괄하며 공산당이 해야 할 역할을 제시했다.

"19세기 중반부터 20세기 중반까지 지난 100년간
중국 인민의 분투는, 오로지 조국의 독립과 민족의 해방을
실현하기 위함이었으며, 민족 굴욕사를 철저히 종식시키기
위함이었다. 이 역사적 위업을 우리는 이미 달성했다.
그리고 20세기 중반부터 21세기 중반까지 지난 100년간
중국 인민의 분투는, 오로지 조국을 강하고 하고,
인민을 부유하게 하며, 민족의 위대한 부흥을 실현하기 위함이었다.
이 역사적 위업을 위해 우리 공화당은 이미 50년에 걸쳐
중국 전역의 인민을 앞장서서 지도하고 이끌기 위해 분투했으며,
크나큰 진전을 이뤘다. 그리고 앞으로 50년간의 분투로
반드시 이 목적을 달성해낼 것이다."

이 연설에서 장쩌민은 19세기 중반부터 100년간은 조국의 독립과 민족의 해방을 실현하고 민족 굴욕의 시대를 종결시킨 역사이고, 20세기 중반부터 21세기 중반까지는 민족 부흥의 역사

중국의 일대일로

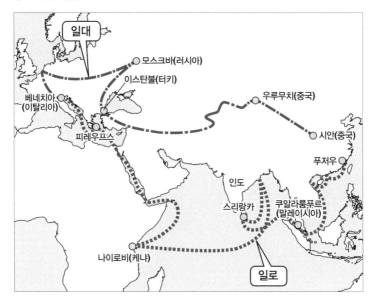

이자 조국의 강대화, 부유화의 시대라고 요약하고 있다.

　종래에 주장한 사회의 진보 및 발전, 사회주의에 의한 평등, 빈민 구제는 온데간데없고, 과거의 굴욕을 끝내고 지난 영광을 되살리자는 내용이 그 주장을 대신하고 있다. 그리고 민족의 영광을 되살리려면 조국의 강대화와 부유화가 필요하다고 밝히고 있다.

　즉 사회 진흥보다는 민족의 '굴욕과 부흥'을 강조함으로써 빈부 격차의 축소, 빈민 구제는 뒷전으로 밀린 것이다. 또한 현재와 중화제국의 일관성을 강조함으로써 중국인의 의식 밑바탕에 깔린 중화사상을 불러일으키고 있다. 한마디로 중국의 대중은 자국(중화) 중심의 글로벌리즘(오랑캐에 대한 지배)을 실현하기 위해 분투하는 공산당의 지도를 따르라는 뜻이다.

이로써 해군 증강, 열도선 설정, 남중국해 포위, 신장과 티베트에 대한 무리한 동화 정책, 일대일로 팽창 정책이 모두 용인되고 말았다.

'공산당의 분투'라는 새로운 신화

그러다 중국 공산당의 입장이 바뀌었다. 장쩌민은 '3개 대표론'에 따라 공산당을 프롤레타리아 중심의 혁명 정당에서 국민 다수를 대표하는 수권 정당으로 탈바꿈했다. 장쩌민은 1996년 다음과 같이 연설했다.

"우리 당은 중화 민족의 탁월한 전통을 이어받아 전진시켜왔다.
민족 독립과 국가 주권을 지키는 투쟁에서
최대 희생을 치르고 최대 공헌을 이루었으며,

중국의 모든 민족, 인민의 진정한 사랑과 지지를 쟁취했다.
중국 공산당은 가장 단호하고 가장 철저한 애국주의자다.
중국 공산당의 애국주의는
중화 민족과 중국 인민에게 최고의 본보기다."

장쩌민은 이처럼 아편전쟁부터 중일전쟁에 이르는 복잡한 중국 안팎의 정세와 전쟁을 민족 독립과 국가 주권을 지키는 싸움으로 단순화시키며, 가장 철저한 애국주의자인 중국 공산당이 이 모든 것을 이룩했다는 점을 강조하고 있다.

그러한 가운데 중국의 분투로 불평등 조약 철폐, 제국주의적 특권 폐지, 봉건 세력 확장의 봉쇄라는 쾌거를 이루어냈으며 굴욕 상태에서 탈피해 국가의 주권과 안전, 민족의 존엄을 지켜냈다는 중화 민족의 새로운 신화가 출현했다.

하지만 상하이에서 중국 공산당이 창설된 해가 1921년이고, 1949년이 되어서야 공산당 지배하의 중국이 출현했으므로 이러한 신화론을 만들어내기에는 상당한 무리가 따른다.

마오쩌둥 시대에는 사회주의 실현이 최대 목표였다. 공산당은 "일본군이 중일전쟁에서 자신들의 최대 적인 국민당의 힘을 꺾어놓음으로써, 사회주의 중국이 출현하는 데 큰 힘을 주었다"며, 적의 적은 우리 편이라는 논법으로 중일전쟁을 평가했다. 장쩌민은 "중국 공산당이야말로 모든 굴욕을 씻어냈다. 분열하고 부패하고 힘없는 중국을 일으켜 세웠다"며 공산당의 일당 지배를 뒷받침하는 신화를 창조해냈다.

그리고 한때 공산당에 힘을 실어주었다던 일본은 어느새 선인인 중국 공산당에 대항하는 악인으로 자리매김했다. 그리고 소련의 사회주의 붕괴는 중국 공산당으로 하여금 새롭게 대중을 조작하기 위한 애국주의를 내세우는 계기를 만들었다.

chapter 29

SNS로 촉발된
'아랍의 봄'

전 세계로 확산된 튀니지 사람들의 분노

북아프리카 튀니지는 1987년 벤 알리Ben Ali가 대통령이 된 후 정치가 안정기에 접어들면서 안정적인 경제 성장을 이룬 나라로 높이 평가받았다.

1961년 약 200달러였던 튀니지의 1인당 GDP는 2010년 약 4,200달러로 상승했다. 이는 중동과 북아프리카 국가들보다 평균 1,000달러 이상 높은 수치였다. 그런가 하면 장기 독재정권 아래, 심한 경제 격차, 정부 당국의 횡포, 대통령 일가에 집중된 사유 재산으로 대중의 불만도 부풀대로 부풀어 있었다. 그러던 차에 사건 하나가 터졌다. 2010년 12월 17일, 튀니지 중부 도시에서 모하메드 부아지지Mohamed Bouazizi라는 청년이 분신자살한 것이다.

청년은 일찍이 아버지를 여의고 채소와 과일을 팔러 다니며 가족의 생계를 책임지고 있었다. 그러던 어느 날 당국이 무허가 노상 판매를 이유로 청년의 장사 도구를 송두리째 몰수해간다. 그가 생활하던 곳은 청년 실업자가 많아서 직장을 구하기도 힘든 지역이었다. 청년은 너무 가난해서 뇌물로 장사 도구를 빼올 수도 없는 형편이었다.

부아지지는 관공서에 가서 물건들을 돌려 달라고 요구했지만 그에게 돌아온 건 수치심뿐이었다. 그는 관공서 앞 광장에서 휘발유를 뒤집어쓰고 분신자살하는 길을 택했다. 청년의 처참한 모습과 마을 사람들의 격렬한 시위, 탄압하는 당국의 모습이 인터넷과 위성 방송을 통해 삽시간에 확산되었다.

이로써 항의 시위와 반정부 시위가 일파만파 퍼져나갔다. 치안 유지 부대의 폭력적 탄압으로 다수의 사상자가 생기면서 대중의 분노는 더욱 커져갔다. 그 결과 분신 사건이 터지고 한 달이 채 되지 않은 2011년 1월 14일에 벤 알리는 망명하였다. 튀니지의 장기 독재정권은 주변국가들에 비해 눈부신 경제 성장을 이룩했음에도 불구하고 억압 사건에 대한 대중의 불만이 확산되면서 붕괴되고 말았다. 이 사건은 훗날 '재스민 혁명(튀니지의 국화 재스민에서 유래_옮긴이)'이라 불리게 된다.

같은 문제를 안고 있던 각국의 장기 독재 정권

튀니지에서 일어난 사건은 인터넷과 위성 방송을 통해 북아프리카와 중동으로 널리 확산되었다. 그러자 곳곳에서 "이거 우리 얘기잖아!" 하는 이야기가 터져 나오며 시위와 봉기가 연쇄적으로 퍼져나갔다. 이집트에서는 무바라크 정권이 이집트 대중의 민주화 혁명으로 쓰러졌고, 리비아에서는 40년 넘게 독재 정권을 유지해온 카다피 정권이 무너졌다.

바트당의 아사드 정권이 계속되던 시리아에서는 정부군과 반정부군 간의 내전이 발발했다. 여기에 알카에다, 누스라 전선, IS(이슬람 국가)등의 과격파 세력과 쿠르드족 세력, 프랑스, 러시아, 이란, 아랍 국가들이 참전하며 내전은 더욱 깊은 수렁에 빠졌다.

튀니지 한 청년의 분신이 북아프리카에서 중동에 이르는 넓은 지역으로 확산되고 세계에 놀라움을 안겨 주면서 '아랍의 봄'이라고 불리게 되었다.

이 나라들은 과거 오스만 제국에 속했던 신흥국으로 근대국가를 건설해가는 과정에 놓여 있었다. 모두 독재 정권의 부패, 강권적 치안 유지, 관료 조직의 비대화, 계층 간 격차의 확대, 청년층의 실업 문제, 경제 기반의 약세 같은 공통적인 문제를 안고 있었다. 참고로 모두 반미 국가였음을 덧붙이겠다.

이 일련의 사건들은 굉장한 뉴스거리로 떠올랐다. 독재 정권을 무너뜨리고 민주주의를 실현한 정치 사건으로 떠들썩하게 선전되었지만 실은 그리 단순한 문제만은 아니다. 튀니지의 이슬람 정당 '엔 나흐다(부흥)' 정권, 민주화 문제가 해결되지 않은 이집트, 여전히 내전 중인 시리아와 리비아가 그 증거다.

도미노 현상은 왜 일어났는가

튀니지 청년의 분신은 북아프리카와 중동 사회가 공유하는 문제를 상징하는 뉴스였다. 그 때문에 튀니지 뉴스가 퍼져나가면서 각 나라의 국가 정세와 맞물렸다. 튀니지의 지역 사건은 그 정보가 전파되는 과정에서 북아프리카에서 중동을 뒤흔든 중대 사건이 되었다.

시각적 뉴스는 자칫 선정적으로 다루어지거나 특정 부분이 강조되어 정치 선전에 유용하게 쓰이는 경우가 많다. 특히 이 사건은 정치 변동의 연쇄 작용을 성공적으로 일으켰다.

선동이란 전체에서 취하고 싶은 부분만 잘라내 정치 선전에 이용하는 행위다. 전체 맥락에서 분리된 부분을 선정적으로 이용하기 때문에 유리한 내용들만 덧붙이며 그럴듯하게 각색한다.

튀니지 사건은 심각한 빈부격차 문제와 강권적 대중 지배로 촉발되었다. 그리고 이 사건은 저마다 정치 상황이 다른 나라들에 도미노 현상을 일으켰다. 그런데 이 일련의 사건들을 가만히 들여다보고 있으면, 사람들은 이러한 도미노 현상을 모두 동일한 사건으로 취급하며 '아랍의 봄'처럼 단순하게만 여기는 것은 아닌가 하는 생각을 들게도 한다.

chapter 30

일상화된 하이브리드 전쟁, 또 다른 사회 불안을 야기하다

가짜뉴스가 난무하는 사이버 공간

정치, 경제 모두 글로벌화된 오늘날은, 사이버 공간이 각종 선전과 모략의 장으로 이용되고 있다.

과거 전쟁이 선전포고로 시작되는 국가 대 국가의 전쟁이었다면, 현재는 테러와의 전쟁처럼 국가 대 집단의 '비대칭 전쟁'이 보편화되면서, 다양한 선전과 가짜뉴스 유포, 사이버 공격이라는 정보전이 흔하게 벌어지고 있다. 핵무기 대신 사이버 공간에서의 선전전이 일상화된 것이다.

그래서 가짜뉴스를 뒤섞은 갖가지 선전과 익명성을 이용한 위장은 더없이 중요한 무기가 된다. 기존의 육지와 바다 공간에 사이버 공간까지 더해지면서 세계는 지금 끝도 없이 흔들리는 정치 과도기에 접어들었다.

앞에서도 언급했지만, 제2차 세계대전이 막을 내린 지 70년, 냉전이 종식되고 EU가 성립된 지 30년, 리먼 쇼크가 발생한 지 10여 년이 흐르면서 세계는 하루가 다르게 바뀌고 있다. 낡은 시스템이 서로 맞부딪치고 있지만, 이를 대체할 만한 마땅한 시스템이 아직 마련되지 않은 상태인지라 경제도 좀처럼 장기 침체에서 벗어나지 못하고 있다. 즉 사람들의 욕구 불만과 불안이 점점 누적되고 있어, 제2차 세계대전이 터지기 직전처럼 정치는 다시 포퓰리즘 쪽으로 기울고 있는 것도 사실이다.

서양에는 야심에 찬 정치가가 대중에게 영합하고 인기를 끌기 위해 기존의 엘리트 체제를 비판하고 공격하는 현상이 강해지고 있고, 아시아에는 거기다 독재 체제와 종교 대립, 관료 부패까지 더해지고 있다. 한술 더 떠 정서에 악영향을 끼치는 온갖 인터넷 정보와 가짜뉴스도 여기에 한몫하고 있다.

비대칭 전쟁이 일상화되면 어떻게 되는가

오늘날은 전쟁의 개념이 바뀌어 정치, 경제, 사상, 군사가 복합된 '하이브리드 전쟁'으로 이동하고 있다. 베스트팔렌 체제에 기초한 국가에만 교전권이 있고 전쟁이 국가 대 국가와의 싸움으로만 국한되던 시대는 이미 과거 이야기가 되었다.

2001년 미국에서 동시다발적으로 일어났던 9·11테러 이후, 미국의 대 테러전쟁(테러와의 전쟁, 테러 조직과의 범지구적 전쟁)을 계기로 국가와 정치 집단 간의 비대칭 전쟁이 일상화되었다.

다시 말해 정규군 대 정규군의 싸움이 아니라, 역학 관계가 상이한 세력 간의 전쟁이 테러, 게릴라, 사이버 테러, 선전, 가짜뉴스 등 다양한 방법을 통해 일상에 침투된 것이다. 선전전이 사이버 공간에서 일상화되고, 정보전과 첩보, 모략 등이 나날이 되풀이되고 있다. 국가 간의 전쟁이 가짜뉴스 등을 이용한 인터넷을 통해 여론 조작과 군사 행동을 덧붙인 하이브리드 전쟁으로 변형되고 있다.

이치다 가즈키는 그의 저서 《페이크 뉴스》에서 "현대 전쟁 가운데 하이브리드 전쟁이 차지하는 비율은 25%로, 점점 그 비중이 높아지고 있다"라는 러시아의 총참모장 게라시모프Gerasimov의 말을 소개하고 있다.

게라시모프는 2013년 튀니지를 시작으로 리비아의 카다피 정권과 이집트의 모사데그 정권을 무너뜨리며 시리아 내전을 유발한 '아랍의 봄'을 21세기의 전형적인 전쟁이라 보고 있다. 중국에서는 하이브리드 전쟁을 1999년 이후의 '초한전超限戰(문자 그대로

21세기의 전형적인 하이브리드 전쟁 '아랍의 봄'. 사진 속 배경은 하이브리드 전쟁의 발단이 된 튀니지 반정부 시위 현장.

풀이하면 기존 경계와 한도를 넘는 전쟁이라는 뜻으로 이용 가능한 모든 수단을 동원해 전쟁 목적을 달성하는 것을 의미한다_옮긴이)'으로 평가한다.

외부의 정보 조작에 흔들리는 국가

정보전에서 큰 힘을 발휘하는 것은 타이밍이 기가 막힌 가짜 뉴스다. 가짜뉴스는 공격 측보다 방어 측 비용이 많이 드는 비대 칭적 특색을 지니고 있다. 가짜뉴스는 간단히 말하면 헛소문이 다. 상대에게 피해를 줄 의도를 갖고 교묘히 퍼뜨리는 것이 특징 이다. 이치다 가즈키는 《페이크 뉴스》에서 그 일곱 가지 유형을 다음과 같이 제시한다.

1. 풍자와 패러디
2. 잘못된 연관성
3. 서술 트릭
4. 거짓 정보와 진짜 정보를 혼재
5. 위장
6. 조작(속일 목적으로 정보와 영상을 조작한다)
7. 날조

하이브리드 전쟁 속에서 가짜뉴스는 훈련된 사람들에 의해 날조된다. 그들은 익명을 통해 자유자재로 트릭을 쓰기 때문에 확산 속도와 범위, 비용 등을 따져봤을 때 진위를 밝히는 쪽보다 정보를 퍼뜨리는 쪽이 유리하다.

짓밟히는 공공성과 인권

그 역사가 오래되지 않은 사이버 공간의 첫 번째 문제는 별도의 시스템 규칙이 없다는 것이다. 보통 익명성이 원칙인 공간이다 보니, 정보 검증이 매우 까다로운 데다, 자칫하면 '만인의 만인에 대한 투쟁'의 장으로도 번질 수 있다.

또 다른 문제는 사이버 공간을 관리하는 구글, 페이스북, 마이크로소프트 같은 기업이 어디까지나 선전 및 광고 수입을 주체로 여기는 영리 기업이라 가장 중시해야 할 공공성을 등한시한다는 점이다. 거짓 정보를 바로잡으려면 비용이 발생해 이윤을 줄이는 구조가 되므로 그다지 신경을 기울이지 않는 것이다. 그래서 종종 사이버 공간에 헤이트 집단Hate Group(특정 개인이나 집단을 의도적으로 폄하하고 증오, 적대감, 폭력을 선동하는 집단_옮긴이)이 생겨나기도 한다.

그런 현상을 방치하면 수많은 인권 침해 사례가 발생된다. 개인이나 기업을 인터넷상에서 마구잡이로 공격하여 소송 문제로까지 번지는 경우가 늘고 있다. 이는 누구에게나 일어날 수 있는 일로 더 이상 남의 얘기가 아니다. 한번 목표물이 되면 개인의 힘으로는 좀처럼 명예를 회복하기가 쉽지 않다. 다들 바쁘다 보니 그런 일에 시간을 쓰는 것조차 굉장히 아까워한다.

원래는 인터넷 시스템 운영으로 막대한 이익을 챙기는 기업 측에서 사회 질서와 인권을 지키는 대처 방안을 마련하는 것이 옳다. 그러나 기업이나 국가 모두 오히려 이런 문제에는 별 경각심을 느끼지 못하는 듯하다.

인권 의식이 강한 유럽 국가들은 이미 가짜 정보를 식별하는 조직과 가짜뉴스로부터 인권을 보호하는 공적 단체를 만들고 있다. 일본에도 법무부 인권 옹호 사업의 일환으로 '인터넷·휴대전화 위법·유해정보 상담센터'라는 인터넷 인권 상담 창구를 설치하여 서서히 대책을 마련하고 있다. 하지만 새로운 정보를 확인하는 시스템 구축이나 피해자 구제를 담당하는 공기관의 설립은 아직 미흡한 실정이라 시급한 대처가 필요하다.

세계사를 뒤바꾼 가짜뉴스

초판 1쇄　2021년 2월 15일
초판 2쇄　2021년 11월 25일

지은이　미야자키 마사카츠
지도판 작성 AKIBA　　**도판 작성** 알파빌
펴낸이　서정희
펴낸곳　매경출판㈜
옮긴이　장하나
책임편집　고원상
마케팅　강윤현 이진희 장하라

매경출판㈜
등록　2003년 4월 24일(No. 2-3759)
주소　(04557) 서울시 중구 충무로 2(필동1가) 매일경제 별관 2층 매경출판㈜
홈페이지　www.mkbook.co.kr
전화　02)2000-2632(기획편집) 02)2000-2636(마케팅) 02)2000-2606(구입 문의)
팩스　02)2000-2609　**이메일**　publish@mk.co.kr
인쇄 · 제본　㈜M-print 031)8071-0961
ISBN　979-11-6484-218-6(03900)

책값은 뒤표지에 있습니다.
파본은 구입하신 서점에서 교환해 드립니다.